は じ め に

JN228924

1 改正の経緯，概要等

相続法制の見直しに関する「民法及び家事事件手続法の一部を改正する法律」（平成30年法律第72号）（以下，「改正相続法」という。）が，平成30年7月6日に成立し，同月13日に公布された。法改正の契機は，平成25年9月4日の最高裁判所大法廷決定（民集67巻6号1320頁）により，嫡出でない子の相続分を嫡出子の2分の1としていた当時の民法の規定が法の下の平等を定める憲法14条1項に違反するとの判断が示されたことにあり，この規定を削除する内容の法律案を策定する過程において，婚外子の相続分増加に伴い，婚姻夫婦と未成熟子からなる法律婚に対する保護が求められることとなり，配偶者保護の観点から，相続法制を見直す必要があるのではないかという問題が提起されたことにあった。

これらの状況を踏まえ，法務省では，平成26年1月に相続法制検討ワーキングチームが設置され，相続法制の見直しに関する調査と審議を行い，諮問を受けた法制審議会においても，社会の少子高齢化が進展するなど，社会経済情勢に大きな変化が見られ，このような高齢化の進展に伴い，相続の場面において，相続開始時における配偶者の年齢も相対的に高くなり，配偶者の生活の保護を図る必要性が高まっているとの観点から，相続法制の一部を見直す必要があると指摘し，「民法（相続関係）等の改正に関する要綱」を取りまとめ，今般，改正相続法が成立に至ったものである。

2 改正相続法の特徴

改正相続法の主な内容としては，次の6項目に整理される。

(1) 配偶者の居住権を保護するための方策
  ア 配偶者の居住権を短期的に保護するための方策
  イ 配偶者の居住権を長期的に保護するための方策
(2) 遺産分割に関する見直し等
  ア 配偶者保護のための方策（持戻し免除の意思表示の推定規定）
  イ 遺産分割前における預貯金の払戻し制度等の創設・要件明確化
  ウ 一部分割
  エ 遺産の分割前に遺産に属する財産を処分した場合の遺産の範囲
(3) 遺言制度に関する見直し
  ア 自筆証書遺言の方式緩和
  イ 自筆証書遺言に係る遺言書の保管制度の創設

はじめに

はじめに

- ウ　遺贈の担保責任等
- エ　遺言執行者の権限の明確化等
- (4)　遺留分制度に関する見直し
  - ア　遺留分減殺請求権の効力及び法的性質の見直し
  - イ　遺留分の算定方法の見直し
  - ウ　遺留分侵害額の算定における債務の取扱いに関する見直し
- (5)　相続の効力等（権利及び義務の承継等）に関する見直し
  - ア　相続による権利の承継に関する規律
  - イ　義務の承継に関する規律
  - ウ　遺言執行者がある場合における相続人の行為の効果等
- (6)　相続人以外の者の貢献を考慮するための方策

　ところで，民法（相続関係）等の改正に関する中間試案（以下，「中間試案」という。）においては，可分債権の遺産分割における取扱いが協議され，預貯金債権等の可分債権を遺産分割の対象に含める方向で検討を行っていた。しかし，被相続人の預貯金債権が相続の開始により当然に分割されるか否かが争点となった事案につき，平成28年12月19日の最高裁判所大法廷決定（民集70巻8号2121頁）により，判断が示されたことから，上記事項は規律の見直しの対象外とされた。

　なお，本論考は，改正相続法において見直しの対象となった項目のうち，遺産分割事件に関連するものについて検討を加えたものである。

3　施行日

　改正相続法は，原則として，令和元年7月1日から施行されるが，一部の規定については例外が設けられている。例えば，遺言制度に関する見直しのうち自筆証書遺言の方式の緩和に関する事項については平成31年1月13日から施行されているが，配偶者の居住権に関する規定については令和2年4月1日から施行される。なお，「法務局における遺言書の保管等に関する法律」は，令和2年7月10日から施行される。

4　本論考の経緯

　東京家庭裁判所家事第5部においては，法改正を受け，平成30年7月から神野律子，寺田さや子（現 松山地方・家庭裁判所判事），村井みわ子（現 預金保険機構参与）及び藤枝祐人（現 静岡家庭・地方裁判所判事補）の4名の裁判官を各チーフとし，書記官及び家庭裁判所調査官（以下，「家裁調査官」という。）により構成される4つのワーキンググループを中心に検討をはじめ，その後，部全体と裁判官の協議により，実務の運用方法，ツールの作成等につ

き協議を重ねてきた。そして，今般，平成31年３月現在，在籍するメンバーで家事第５部の改正相続法を踏まえた新たな実務運用を紹介することとした。

　本論考は，各グループが改正試案（中間試案及び中間試案後に追加された民法（相続関係）等の改正に関する試案（追加試案）），民法（相続関係）等の改正に関する要綱，立法担当者の論考を検討した上でこれまでの実務を考慮して，法改正を踏まえて遺産分割事件を処理するに当たっての運用上の問題点を分析した論考につき，片岡武（現　弁護士）において監修したものである。

　今後は，実務の積み重ねを受けて，問題点を洗い出し，修正していくことが求められるが，本論考が遺産分割事件の処理に携わる実務家，調停委員，研究者の参考となれば幸いである。

　最後に，各ワーキンググループのメンバーは，巻末に記載したとおりであるが，記載以外の書記官，家裁調査官においても業務繁忙な中，実務運用について熱心に協議していただいた。また，水野有子東京家庭裁判所家事部所長代行者からは有為なご指摘をいただいたほか，秋枝和子さいたま家庭裁判所家事部訟廷管理官にも校正につきご協力をいただいた。この紙面を借りて御礼を申し上げたい。

　令和元年５月

東京家庭裁判所家事第５部

片岡　　武

神野　律子

寺田さや子

村井みわ子

藤枝　祐人

書記官室・調査官室

（肩書きは平成31年３月15日現在）

目 次

第*2*　遺産分割前における預貯金の払戻し制度の創設等に関する運用

第**3**　配偶者居住権に関する運用

第4　配偶者短期居住権に関する運用

第5　持戻し免除の意思表示の推定に関する運用

── 資 料 目 次 ──

凡　例

本書に掲げる法令・裁判例・文献等については，次の略記等を用いている。

〔法　令〕

民　　　　　　→　民法（平成30年法律第72号・73号による改正後の民法）

改正前民法　→　平成30年法律第72号・第73号による改正前の民法

法務省令　→　民法第909条の2に規定する法務省令で定める額を定める省令（平成30年法務省令第29号）

家事法　→　家事事件手続法

家事規則　→　家事事件手続規則

民訴法　→　民事訴訟法

民訴費　→　民事訴訟費用等に関する法律

〔裁判例〕

最大決平成28年12月19日（民集70巻8号2121頁）

　→最高裁判所大法廷平成28年12月19日決定最高裁判所民事判例集70巻8号2121頁

〔判例集〕

民　集　　最高裁判所民事判例集

集　民　　最高裁判所裁判集民事

家　月　　家庭裁判月報

家　判　　家庭の法と裁判

判　時　　判例時報

判　タ　　判例タイムズ

金　法　　金融法務事情

〔文　献〕

『一問一答』　堂薗幹一郎・野口宣大編著『一問一答　新しい相続法 —— 平成30年民法等（相続法）改正，遺言書保管法の解説』（商事法務，2019）

『概説』　堂薗幹一郎・神吉康二編著『概説　改正相続法 —— 平成30年民法等改正，遺言書保管法制定—』（きんざい，2019）

『遺産分割』　片岡武・管野眞一編著『第3版　家庭裁判所における遺産分割・遺留分の実務』（日本加除出版，2017）

法制審部会第○回議事録　　法制審議会民法（相続関係）部会第○回会議議事録

法制審部会資料　　法制審議会民法（相続関係）部会資料

追加試案補足説明　中間試案後に追加された民法（相続関係）等の改正に関する試案（追加試案）の補足説明

遺産の分割前に遺産に属する財産が処分された場合の取扱い等に関する運用

（遺産の分割前に遺産に属する財産が処分された場合の遺産の範囲）

民法第906条の2　遺産の分割前に遺産に属する財産が処分された場合であっても，共同相続人は，その全員の同意により，当該処分された財産が遺産の分割時に遺産として存在するものとみなすことができる。

2　前項の規定にかかわらず，共同相続人の一人又は数人により同項の財産が処分されたときは，当該共同相続人については，同項の同意を得ることを要しない。

---

1 改正の趣旨，制度の概要等

(1) 改正の趣旨

　共同相続された相続財産については，原則として遺産共有となり，その共有状態の解消は，遺産分割の手続によることとされているが，一方，共同相続人が遺産分割前にその共有持分を処分することは認められている。そこで，従前，当該処分がされた場合に遺産分割においてどのような処理をすべきかについて問題となることがあったが，この点を規律する明文の規定はなく，また，明確にこれに言及した判例もなかった（『一問一答』93頁，『概説』73頁）。

　実務においては，遺産分割は遺産分割の時に存在する財産を共同相続人で分配する手続であるという考え方に従い，共同相続人の一人が遺産分割の前に遺産の一部を処分した場合には，原則として，その時点で実際に存在する財産を基準に遺産分割を行い，当該処分によって当該共同相続人が得た利益は遺産分割においては特段考慮しないという取扱いがされていた（小田正二ほか「東京家庭裁判所家事第5部における遺産分割事件の運用—家事事件手続法の趣旨を踏まえ，法的枠組みの説明をわかりやすく行い，適正な解決に導く手続進行—」判タ1418号5頁以下）。

　もっとも，判例（最一小判昭和54年2月22日家月32巻1号149頁），裁判例（高松高判平成11年1月8日家月51巻7号44頁，福岡高那覇支判平成13年4月26日判時1764号76頁）及び実務においては，遺産分割時には存在しない財産であっても，共同相続人の全員がこれを遺産分割の対象に含める旨の合意をした場合には，例外的にこれを遺産分割の対象とする取扱いがされてきたところである。

　しかし，上記取扱いは，共同相続人の全員がこれを遺産分割の対象に含める旨の合意をした場合であるから，合意がない場合には，原則に戻り，遺産分割の対象とする

ことはできないことになる。そして，遺産分割の前に遺産の一部を処分した共同相続人の一人が遺産分割の対象とする旨を合意しないという事態は，実務において散見されたところでもある。

そのため，上記のような取扱いによれば，当該処分をした者の最終的な取得額が，当該処分をしなかった場合と比べると大きくなり，その反面，他の共同相続人の遺産分割における取得額が小さくなるという計算上の不公平が生じ得ると指摘されていた。

また，各共同相続人が家庭裁判所の判断を経ないで相続された預貯金の払戻しを認める規定が設けられているところ（民909条の2），同規定に基づく適法な払戻しであれば，遺産分割においてその精算がされるのに対し，同規定に基づかずに違法に払戻しを受けた場合には精算がされないということになれば，違法行為を助長することにもなりかねず，具体的妥当性等の観点からも極めて不当な結果となるとの問題も提起された。

(2)　制度の概要

前記(1)を踏まえ，民法906条の2では，遺産分割前に遺産に属する特定の財産を共同相続人の一人が処分した場合に，処分をしなかった場合と比べて利得をすることがないようにするため，遺産分割においてこれを調整することを容易にする規律を設けることとされた。

すなわち，同条1項は，共同相続人全員の同意によって遺産分割前に処分された財産についても遺産分割の対象財産にすることを認めることとした上で，同条2項で，共同相続人の一人が遺産分割前に当該処分をした場合には，当該処分をした共同相続

人の同意を得ることを要しないとし，当該処分を行ったのが共同相続人の一人である場合には，遺産分割時に当該処分をした財産を遺産に含めることについて他の共同相続人の同意さえあれば，これを遺産分割の対象として含めることができると規律したものである（『一問一答』94頁）。

なお，民法906条の2の規定は，令和元年7月1日から施行される。同日前に開始した相続については，なお従前の例によることとされている（附則2条）。

2　民法906条の2第1項（共同相続人全員の同意によって遺産分割の対象財産とすることを認める規律）について

(1)　内　容

遺産分割は，一般に，相続開始時に存在し，かつ，遺産分割時にも現に存在する財産を共同相続人間において分配する手続であるとされており，第三者が相続財産を毀損，滅失させた場合など遺産分割時には存在しない財産については，遺産分割の対象とはならないものと考えられてきた。

もっとも，前記のとおり，従来の判例及び実務においては，遺産分割時には存在しない財産であっても，共同相続人の全員がこれを遺産分割の対象に含める旨の合意をした場合には，例外的にこれを遺産分割の対象とする取扱いがされてきたところであり，民法906条の2第1項の規定は，こうした従来の判例や実務によって承認されてきた考え方を明文化するものである。

(2)　民法906条の2の「財産処分」の意義

民法906条の2の規定における「処分」

とは，預貯金の払戻しのように遺産に含まれる財産を法律上消滅させる行為のほか，相続開始により遺産共有となった不動産等に係る共有持分を第三者に対して譲渡する行為，遺産に含まれる動産等を現実に毀損・滅失させる行為などが含まれるものと考えられる（『概説』76，77頁）。

(3) 生前又は死後に被相続人の預貯金が払い戻された場合の処理

　遺産の分割前に遺産に属する財産が処分される場合として実務上問題となることが多いのは，相続開始後に被相続人の預貯金が払い戻された場合であり，これと併せて相続開始前に被相続人の預貯金が払い戻された場合が問題となることも多い（特に，当事者が，別の当事者に対し，払い戻された被相続人名義の預貯金の使途が不明であるとして様々な主張をすることが多く，実務では，これを一般に使途不明金問題と呼んでいる。）。

　生前又は死後に被相続人の預貯金が払い戻された場合，払い戻された預貯金は，遺産分割の時点で存在しないため，原則として遺産分割の対象とならないが，従前の実務では，相続人の一人又は数人が預貯金の払戻しを認めた場合においては，預貯金の払戻しをした相続人を含めた相続人全員の合意により，①払戻しをした共同相続人が預貯金（払戻額の一部のこともある。以下同じ。）を既に取得したものとして具体的相続分，現実的取得分額を計算する，②払戻しをした共同相続人が（払い戻した預貯金である）一定額の現金を保管しているものとして，これを遺産分割の対象とする，③生前に払い戻した預貯金が被相続人からの贈与と認められるとして，払戻しをした共同相続人に同額の特別受益があるとの前提

で具体的相続分を計算する，のいずれかに整理することとし，遺産分割において計算上の不公平が生じないように調整，解決を図っていた。

　他方，相続人の一人又は数人が預貯金の払戻しを否認し，相続人全員の間で上記のような合意ができない場合には，遺産分割において解決困難な状況といえることから，前記のとおり，現存する遺産のみを対象として遺産分割手続を先に進めていた。

　実務においては，このような使途不明金問題（本来不法行為又は不当利得の問題であり，訴訟事項であって，審判事項ではない。）については，相当回数の期日を費やしても合意が得られそうもない場合には別途訴訟による解決に委ねざるを得ず，結果的に無駄な期日を重ねるだけになってしまうことにもなりかねないため，話し合う期日を3回程度とするなど，その回数を制限し，その旨を当事者にも告知した上で，できる限り相続人全員の合意を促していたところである。今般，後述の民法906条の2第2項の規律が設けられたことから，上記のような使途不明金問題のうち，相続開始後の払戻しが問題となる場合に，遺産分割調停等において相続人全員の合意をより促す方向で同規定を活用することが期待される。

┌─【実務上の問題点】──────

　遺産分割調停においては，遺産の範囲，評価等につき相続人全員の合意を積み上げて進行しており，遺産に属する財産が処分された場合において，民法906条の2第2項の規定を踏まえ，処分者を含めた相続人全員の合意を促すメリットはある。しかし，払戻しをした相続人が使途につき説明ができないにもかかわらず，自己の取得分とす

ることを拒絶することはままあり得るのであり，かかる場合，調停委員会としては，民法906条の2第2項の規定を踏まえて，払戻しをした相続人を含めて相続人全員の合意を得られることを目指し，働きかけをするものの，払戻しをした相続人の意向を無視することはできないという問題点があるように思われる。

(4) 民法906条の2の「処分」の射程範囲の検討

ア　第三者による処分

民法906条の2第1項の規定は，遺産分割前に遺産に属する財産を処分したのが相続人以外の第三者である場合にも適用がある。これは，第三者が遺産を処分した場合であっても，第三者に対する損害賠償請求権や処分された財産に関する保険金請求権を遺産分割の対象とするために，共同相続人全員の同意により処分された財産を遺産分割の対象とするということも考えられること，実務上も，共同相続人全員の合意によりいわゆる代償財産を遺産分割の対象とするという取扱いがされていること等を踏まえ，第三者により処分された場合を含め，当該処分された財産が遺産として存在するものとみなすことができることとされた（『一問一答』98頁，『概説』77，78頁）。

イ　共有持分の差押え

民法906条の2の規定は，共同相続人の一人の債権者が，遺産共有となっている不動産の共有持分を差し押さえた場合にも適用があるかが問題となり得る。

遺産に属する不動産の共有持分が相続債権者又は相続人の債権者によって差し押さえられた場合には，債務者による不動産の処分行為が禁止されることになるため，当該差押えを受けた共有持分を含めた遺産分割を行うことはできなくなり，実質的には遺産から逸出することとなるとも考えられなくはない。そして，共有持分の差押え及び競売等により利益を受けるのは，その差押えを受けた共同相続人の一人であり，他の共同相続人がその結果により遺産分割において損失を被る理由がないことは，共同相続人の一人が実際に処分を行った場合と同様である。

もっとも，差押えの処分禁止効については相対的な効力を有するにすぎないと解されており，また，所有権移転の効果は，売却許可決定確定後代金納付時に生ずる（民事執行法79条）ことから，遺産から逸出するのは，その時であると考えられる。このように考えると，共有持分につき差押えがあったとしても，遺産から未だ逸出しておらず，差押えがされた持分も含めて遺産分割をすれば足りるものと考えられる（実際の遺産分割においては，当該差押えを受けた共有持分については，当該差押えを受けた共同相続人の一人に取得させることになる場合が多いものと思われる。）。なお，売却許可決定がされ代金が納付された場合には，当該差押えを受けた共同相続人の一人が，遺産に属する財産を処分したとして，民法906条の2の規定を適用又は類推適用することができるものと考えられる（『概説』78，79頁）。

ウ　遺産に属する財産が全て処分された場合

民法906条の2の規定は，遺産分割前に遺産に属する財産が全て処分された場合にも適用があるのかが問題となる。

同規定は，遺産分割前に遺産に属する財

産が処分された場合には，当該処分された財産についてはもはや遺産ではないことを前提として，処分をした者以外の共同相続人全員の同意を条件として，遺産分割時に当該処分された財産を遺産として存在するとみなすことができるとするものであり，あくまでも遺産分割をすることができる場合に，処分された財産を遺産とみなすことができるとする規定である。また，遺産分割は，一般に，相続開始時に存在し，かつ，分割時にも存在する相続財産を分割する手続であると理解されている。そうすると，このような考え方を前提とすれば，遺産分割前に遺産に属する財産が全て処分され，遺産分割の対象となる財産が存在しない場合には，そもそも遺産分割を行うことができないことになる。

よって，同規定は，遺産分割をすることができない場合については，適用の対象とならないものと考えられる（『一問一答』97頁，『概説』80，81頁）。

3　民法906条の2第2項（処分を行った共同相続人の同意を得る必要がないとの規律）について

(1)　内　容

民法906条の2第2項は，共同相続人の一人が遺産分割前に遺産に属する財産を処分した場合には，当該共同相続人の同意を得ることを要しないこととし，当該処分を行ったのが共同相続人の一人である場合には，遺産分割時に当該処分した財産を遺産に含めることについて他の共同相続人の同意さえあれば，これを遺産分割の対象として含めることができると規律している。

民法906条の2は，前記のとおり，遺産分割前に，共同相続人の一人が他の共同相続人の同意を得ずに遺産に属する財産の処分をした場合に，処分がなかった場合と比べて多くの利得を得るという不公平が生じないようにするため，遺産分割における調整を容易にすることを目的としており，遺産分割前の処分が違法である場合はもとより，適法である場合にも，当該処分をした相続人がこれにより受けた利益を考慮して遺産分割をすることは，当該相続人に不利益を課すものではなく，むしろ相続人間の公平に資するものといえる。同条2項により，当該処分を行ったのが共同相続人の一人である場合には，遺産分割時に当該処分した財産を遺産に含めることについて他の共同相続人の同意さえあれば，これを遺産分割の対象として含めることができることとなり，公平な遺産分割を実現することができることとなる（『一問一答』94頁，『概説』77頁）。

(2)　共同相続人間で遺産に属する財産の処分者について争いがある場合の処理
ア　実務処理

遺産分割前に遺産に属する財産が処分されたが，共同相続人間で，誰がその処分をしたのかについて争いが生じる場合もある。このような場合には，遺産分割事件を取り扱う家庭裁判所において，遺産分割の前提問題としてその処分者について事実認定をした上で，遺産分割の審判をすることは可能である（最大決昭和41年3月2日民集20巻3号360頁参照）。

┌─【遺産分割の前提問題】─────────
　遺産分割の前提問題とは，遺産分割手続の進行に当たり，分割方法を定める前に解決しておかなければならない問題であり，例えば，相続人の範囲，遺言書の効力又は解釈，遺産分割協議（書）の効力，遺産の帰属に関する争いが挙げられる（『遺産分割』53頁）。
└──────────────────────

イ　審判の問題点

　しかしながら，家庭裁判所が遺産分割の審判の中でした事実認定については既判力等の拘束力が生じないため，後にその事実認定が既判力のある確定判決等に抵触することとなった場合には，遺産分割の審判の全部又は一部の効力が否定されるおそれがある。遺産分割の当事者としては，このような事態が生じないようにするため，遺産分割の前提問題として，当該処分された財産が民法906条の2の規律により遺産に含まれることの確認を求める民事訴訟を提起することができるものと考えられる（最一小判昭和61年3月13日民集40巻2号389頁参照）。

ウ　具体例

　例えば，共同相続人A，Bにおいて，Aが遺産に属する財産を処分したとして，Bが民法906条の2の規定により遺産とみなすべきであると主張し，他方，Aにおいては，自分は当該処分をしていないと争っている場合を前提に検討するに，Bは，①当該処分された財産は相続開始時に被相続人Xの遺産に属していたこと，②処分された財産の処分者はAであること，③Bは，処分された財産を遺産分割の対象に含めることに同意をしていることを主張して，処分された財産が遺産に含まれることの確認を

求める訴えを提起することができると解される（『一問一答』100頁，『概説』79，80頁）。

　そして，民事訴訟において，処分された財産が遺産に含まれるという事実が確認され，判決が確定した場合には，その判断に既判力が生ずるため，遺産分割手続を行う家庭裁判所は，処分された財産が遺産に含まれるという事実を前提として遺産分割の審判を行うことになる。

(3)　射程範囲

ア　第三者による処分

　民法906条の2第2項の規定は，第三者が遺産に属する財産を処分した場合には適用されない。同規定は，遺産に属する財産を処分した共同相続人が民法906条の2第1項の同意をしないことにより，処分をしなかった場合と比べて利得をするという不公平を是正することを目的としているが，当該処分をした者が共同相続人以外の第三者である場合には，当該処分により共同相続人の誰かが利得をするという関係にはないため，同規定を適用する必要がないからである（『一問一答』98頁，『概説』78頁）。

イ　処分した共同相続人が死亡した場合

　相続開始後，遺産の分割前に遺産に属する財産を処分した共同相続人が死亡した場合は，当該共同相続人の相続人においてその地位を承継し，その同意を要しないこととなるものと解される。

4　遺産分割事件における運用（総論）

(1)　申立て段階

　遺産の分割の調停の申立書又は審判の申立書には，遺産の目録を添付しなければな

らない（家事規則102条１項，127条）。東京家庭裁判所家事第５部では，【土地】，【建物】，【現金，預・貯金，株式等】の各書式を備え付けているが，民法906条の２の規定に基づく遺産の分割を求めるときは，例えば，各遺産の備考欄に処分された財産に関する記載をすること等が考えられよう（【資料１】。なお，【資料１】は，家事第５部において，後出の申立書の遺産目録記載例を補足するものとして検討されている遺産目録記載例の抜粋である。）。

⑵　遺産の範囲

ア　遺産の範囲のイメージ図（A案，B案）

遺産分割の調停・審判で当然に分割対象となる財産は，①被相続人が相続開始時に所有し，②現在（分割時）も存在する，③未分割の，④積極財産である。

家事第５部では，事案や当事者の理解度などに応じ，遺産の範囲に関する上記法的枠組み等を分かりやすく説明するための補助資料（ツール）として，「遺産の範囲のイメージ図」（A案，B案）を活用してきたが（当初の「遺産の範囲のイメージ図」（A案，B案）については，前掲・小田ほか27，28頁。最大決平成28年12月19日民集70巻８号2121頁後に改訂したものについては，片岡武ほか「相続預貯金の遺産分割に関する家裁実務―最大決平28.12.19を受けて―」金法2065号17，18頁を参照されたい。），今般，民法906条の２の規定の創設を踏まえ，特に同規定の適用が問題となることが多いと思われる預貯金の払戻しに関する部分を改訂した（【資料２，３】）。改訂箇所は，以下のとおりである。

㈠　生前払い戻された預貯金

生前に払い戻された預貯金は，被相続人の相続開始時にその相続財産に帰属せず，現在（分割時）も存在しないから，遺産分割の調停・審判で当然に分割対象となる財産ではない。また，仮に被相続人が被相続人の預貯金の払戻しをした推定相続人に対して不当利得又は不法行為に基づく金銭債権を有していたとしても，同金銭債権は相続開始と同時に相続分に応じて当然に分割されるから，遺産分割の調停・審判で当然に分割対象となる財産ではない。

もっとも，相続人全員の合意があれば，遺産分割の調停・審判で扱うことが可能である。

「遺産の範囲のイメージ図（A案）」（【資料２】）の２つ目のスライド及び「遺産の範囲のイメージ図（B案）」（【資料３】）の４つ目のスライドにおける「生前払い戻された預貯金」と「不当利得・不法行為債権」は，これらのことを示すものである（なお，「不当利得・不法行為債権」は，預貯金の払戻しに係るものに限られるわけではない。）。

㈡　死後払い戻された預貯金

死後に払い戻された預貯金は，現在（分割時）においては存在しないから，遺産分割の調停・審判で当然に分割対象となる財産ではない。

もっとも，相続人全員の合意ないし同意があれば，遺産分割の調停・審判で扱うことが可能である（民906条の２第１項参照）。さらに，当該払戻しが共同相続人の一人又は数人による場合は，当該払戻しをした相続人以外の相続人全員の合意ないし同意で足りる（同条第２項参照）。

「遺産の範囲のイメージ図（A案）」（【資

料2】）の２つ目のスライド及び「遺産の範囲のイメージ図（B案）」（【資料3】）の４つ目のスライドにおける「死後払い戻された預貯金（注）」は，これらのことを示すものである。「死後払い戻された預貯金」は，例外的に遺産分割の対象とするために必要な合意ないし同意の主体の範囲が「生前払い戻された預貯金」と異なること等から，これとは別個に「注」を付す形で明確にした（なお，預貯金以外の財産が処分された場合も同様である。）。

イ　預貯金の払戻しが問題となった場合の遺産分割調停等の進行

本改正前の生前又は死後に被相続人の預貯金の払戻しが問題となった場合の遺産分割調停等の進め方は，前記2(3)で述べたとおりである。

家事第5部では，事案や当事者の理解度などに応じ，法的枠組み及びこれを踏まえた手続の進行を分かりやすく説明するための補助資料（ツール）として，「使途不明金ポイント図」（「預貯金の払戻しが問題となったら？」）や「使途不明金進行フロー」（「預貯金の払戻しが問題となった場合の進め方」）を活用してきたが（前掲・小田ほか29, 30頁），民法906条の2の規定の創設を踏まえ，これらを統合する形で改訂した（【資料4, 5】）。その内容及びこれらの資料に基づく遺産分割調停等の進め方は，後記5以降において詳細に検討する。

ウ　段階的進行モデルとの関係

遺産分割事件においては，適正かつ迅速な解決を図るために，民法の規定を踏まえて，①相続人の範囲，②遺産の範囲，③遺産の評価，④各相続人の取得額（特別受益・寄与分），⑤遺産の分割方法について，

この順番で審理を進めるとともに，各段階において当事者の主張（意見）を整理し，対立点の調整を図り，合理的な合意を形成していくことにより，調停の成立又は審判による終局解決を目指している。

死後に払い戻された預貯金が遺産に含まれるか否かは，上記②遺産の範囲に関するものであるが，被相続人の遺産の分割に当たっては，その余の各段階において，調停で合意を積み重ねていく中であれば調整ないし解決可能な事項（事案によってその有無，内容は様々であろうが，例えば，相続債務の負担，無用な鑑定の回避，土地の現物分割に向けた測量等への協力，代償金の額，支払時期，支払方法の調整，任意売却による換価分割，相続人固有の共有持分等を含めた解決等が考えられる。）もあり，実務においては，当事者にとって調停の成立又は調停に代わる審判による終局解決を図るメリットが大きいと思われる事案も少なくない。上記のとおり遺産分割審判には既判力が生じない上，払い戻された預貯金が遺産に含まれるか否かが確定しないまま，仮定の上に協議を重ねても，双方の思惑が異なって議論がかみ合わないのが通常であること等から，当事者において，払い戻された預貯金が遺産に含まれるか否かにつき民事訴訟で先行して解決を図ることを選択することが多いだろう。個々の事案において，後に判断が覆るリスクを引き受けて審判を求めるか，民事訴訟で終局的な解決を図った上で遺産分割に臨むか，以上述べてきたような事案に即したメリット・デメリットを分かりやすく伝え，他の前提問題に争いがある場合と同様，認定困難な事案等で分割禁止の審判をせざるを得ないこともあること等を念

頭に，当事者の理解を得ながらその選択を促す必要があろう。

【払い戻された預貯金が遺産に含まれることの確認を求める民事訴訟の判決の既判力】

払い戻された預貯金が遺産に含まれることの確認を求める民事訴訟の判決の既判力は，払戻しをした共同相続人についての事実認定にまで及ばないとも考えられるが，新たな遺産分割手続の中で払戻しをした共同相続人についての事実の争いを蒸し返すことは信義則上許されないとされる場合が多いだろう。

【払い戻された預貯金以外の未分割の遺産の分割】

当事者が民事訴訟を提起する場合でも，払い戻された預貯金以外の未分割の遺産の分割については，①進行中の遺産分割手続の中で分割を進める，②進行中の遺産分割の申立てを一旦取り下げ，先行提起する民事訴訟の結果を踏まえて，改めて遺産分割の申立てをして分割する，という2つの進行が考えられる。①と②のいずれの進行が相当かは，払い戻された預貯金の額やその額の遺産総額に占める割合，特別受益や寄与分の主張の有無，同主張がある場合はこれが採用される可能性の有無，程度，法定相続分又は指定相続分の修正内容等に関する諸事情を踏まえて事案ごとに検討することになろう。

(3)　遺産の評価

民法906条の2の規定により遺産に含めることとされた財産の評価について，その財産が預貯金であれば，払い戻された預貯金の額をみなし相続財産の算定の基礎とし，同額を分割時に取得する価額として計算すれば足りるから，その評価が問題となるこ

とはないと思われる。

これに対し，同規定により遺産に含めることとされた財産が不動産の共有持分や株式等の場合，みなし相続財産の算定の基礎とする価額や分割時に取得する価額をどう考えるべきか。これらの財産は，相続開始時，処分時，分割時で価額が変動し得ることから，問題となる。

この点，同規定上，これらの財産が遺産の分割時に遺産として存在するとみなされることから，その相続開始時の価額をみなし相続財産の算定の基礎とし，その分割時の価額を分割時に取得する価額として計算するという考え方もあり得る。

しかし，①同規定が遺産の分割時に遺産として存在するとしたのは，遺産分割において計算上生ずる不公平を調整することを容易にするためであり，分割時におけるその存在はあくまで法的擬制にすぎないこと，②また，遺産分割方法を定めるに当たっては，その調整方法として，後記(4)で述べるとおり，処分された財産をその処分をした相続人に取得させることを前提に計算することが想定されていること，③処分後の価額変動は処分をした相続人の利益又は負担とし，処分をした相続人が当該処分時にその財産の価額相当額を取得したものとして計算するのが相続人間の公平にかなうと考えられること，④実務上，共同相続人全員の合意によりいわゆる代償財産を遺産分割の対象とするという取扱いがされているところ，代償財産（不動産や株式の売却代金等）の額をみなし相続財産の算定の基礎としていることとの均衡等を踏まえると，みなし相続財産の算定の基礎とする価額及び分割時に取得する価額は，いずれも，不動

産の共有持分や株式等の処分時の価額とするのが相当と解される。

なお，通常の遺産の評価の合意を目指す場合と同様，処分時の評価額を分割時や相続開始時の評価額と同一の評価額とする旨の合意ができれば，分割時や相続開始時の評価額を前提に手続を進めることは可能である。

(4)　遺産の分割方法

民法906条の2の規定により遺産に含めることとされた財産の分割方法については，同規定の処分がされたことにより計算上の不公平が生じないよう，遺産分割において調整を図ることを容易にするという同規定の趣旨に照らし，同規定の処分をした相続人に処分した財産（預貯金，不動産の共有持分，株式等）を取得させる方法をとるのが相当と解される。

ところで，家事事件手続法195条の「特別の事情」がある場合であるとして共同相続人の一人又は数人に金銭債務を負担させるためには，当該共同相続人にその支払能力があることを要すると解すべきであるとされているところ（最一小決平成12年9月7日家月54巻6号66頁），上記方法によると，処分された財産が分割時に存在するとは限らないこと等から，処分された財産を当該処分をした共同相続人に取得させるのに代償金の支払能力があることが必要か否かが問題となる。

この点，民法906条の2の規定は，遺産分割前に遺産に属する財産の処分をした共同相続人が処分をしなかった場合と比べて利得をすることがないようにするため，代償金の支払を受けることとなり得る他の共同相続人全員の同意を前提に，遺産分割において調整することを可能にするものであるから，処分をした共同相続人に処分した財産を取得させることに伴う代償金の支払能力があるか否かは問題とならないと解される。

5　生前の預貯金の払戻しが問題となった場合の進め方

生前の預貯金の払戻しが問題となった場合の進め方は，従前の進行と特に変わりはない（【資料4】）。生前の預貯金の払戻しに関する使途不明金問題において，手続上の取扱いが分かれるポイントは以下の2点となる。

(1)　当事者全員において払戻しをした相続人が誰かについて争いがあるか否か

ア　主張・立証

生前に払い戻された預貯金をその余の遺産と併せて分割対象にすることを希望する当事者は，払戻しがされた年月日，預貯金口座（金融機関名，支店名，預金の種別，口座番号又は記号番号等），払戻額を，取引履歴等をもとに特定した上，その主張する払戻しをした相続人を明らかにする必要がある。これらが不十分であると，「当事者全員において払戻しをした相続人が誰かについて争いがあるか否か」が明らかにならないからである。

イ　払戻しの点に争いがある場合

払戻しの点に争いがある場合，払戻しをした相続人が払い戻された預貯金を自己の取得分として認めることを前提に，相続人全員が合意することはないと考えられる。この場合，払い戻された預貯金は，遺産分割の対象にならない。

なお，以上の場合には，払い戻された預貯金の使途が不明なままであること等から，別途民事訴訟（不当利得返還請求訴訟又は不法行為に基づく損害賠償請求訴訟）での解決が必要なこともあろう。

　　　ウ　払戻しの点に争いがない場合

払戻しの点に争いがない場合，相続人全員の合意の下，払い戻された預貯金は，遺産分割の対象になり得る。

　(2)　払戻しをした当事者において払い戻した預貯金を自己の取得分として認めるか否か

　　　ア　問題点

前記(1)の「当事者全員において払戻しをした相続人が誰かについて争いがあるか否か」について争いがない場合には，次に，「払戻しをした当事者において払い戻した預貯金を自己の取得分として認める（費消せず保管している，又は，費消したが自己の取得分として認める）か否か」が問題となる。

　　　イ　自己の取得分として認める意向を示す場合

実務においては，払戻しをした相続人を含めた相続人全員の合意の下，払戻しをした相続人が（払い戻した預貯金である）一定額の現金を保管しているものとして，これが遺産分割の対象になる。

　　　ウ　自己の取得分とすることを認めない意向を示す場合

自己の取得分とすることを認めない当事者には，自己の取得分として認めない理由を説明してもらう必要がある。生前に払い戻した預貯金を，被相続人の住居費，公租公課，医療費，介護費，葬儀費用，遺産管理費など，被相続人又は相続人全員の利益のために費消したからといった理由が多い

と思われる。払戻しをした相続人がこうした使途及び額を理由に挙げるのであれば，その主張に係る費消の事実や費消に至る経緯，被相続人の財産又は遺産から支出することの相当性等について，裏付け資料を提出しながら，説明する必要があろう。

そして，払戻しをした相続人の説明に対し，他の相続人において更に説明を求める事項があれば，これを明らかにしてもらった上で，説明を補充してもらうことになろう。

以上のような経過を経て，払戻しをした相続人の説明により，使途及び額が判明し，被相続人の財産又は遺産から支出することの相当性を含め，相続人全員の理解を得られた場合には，別途民事訴訟（不当利得返還請求訴訟又は不法行為に基づく損害賠償請求訴訟）による解決は必要ないと思われる。

他方，使途又は額が不明なまま，あるいは使途及び額が判明しても，被相続人の財産又は遺産から支出することの相当性に疑義が生じる等，相続人全員の理解が得られない場合には，払い戻された預貯金は遺産分割の対象とはならず，払戻しをした相続人と理解を得られなかった相続人との間で別途民事訴訟（不当利得返還請求訴訟又は不法行為に基づく損害賠償請求訴訟）での解決が必要なこともあろう。

6　死後の預貯金の払戻しが問題となった場合の進め方

死後の預貯金の払戻しが問題となった場合の進行は，民法906条の2の規定により，これまでの実務が変更される部分がある（【資料5】）。進行上のポイントは，以下の

3点である。

（1）　**当事者全員において相続人として払戻しをした者が誰かについて争いがあるか否か**

　ア　主張・立証

　死後に払い戻された預貯金をその余の遺産と併せて分割対象とすることを希望する当事者は，払戻しがされた年月日，預貯金口座（金融機関名，支店名，預金の種別，口座番号又は記号番号等），払戻額を，取引履歴等をもとに特定した上，その主張する払い戻した者を明らかにする必要がある。これらが不十分であると，「当事者全員において相続人として払戻しをした者が誰かについて争いがあるか否か」が明らかにならないからである。

　イ　払戻しの点に争いがある場合の問題点

　払戻しの点に争いがある場合，民法906条の2第2項により，払い戻された預貯金が遺産に含まれるか否かが問題となり，遺産の範囲に関する前提問題として，先行して民事訴訟（遺産確認訴訟）での解決が必要なことがある。

　すなわち，払戻しをしたと主張されている相続人以外の相続人の中に死後に払い戻された預貯金を遺産に含めることに「同意」しない者が一人でもいるときは，同規定は適用されず，払い戻された預貯金は遺産分割の対象とならない（なお，「同意」するか否かの意向を明らかにしない相続人は「同意」したとはいえない。）。

　他方，死後に払い戻された預貯金について，払戻しをしたと主張されている相続人以外の相続人全員がこれを遺産に含めることに「同意」し，その主張のとおり払戻し

をしたと認められれば，遺産に含まれることになる。しかし，その主張のとおり払戻しをしたと認められなければ，遺産に含まれないこととなるから，遺産の範囲に関する前提問題に争いがある状況といえる。

　ウ　払戻しをした相続人の認定が問題となる場合における運用

　（ア）認定が容易な場合

　遺産分割事件を取り扱う家庭裁判所において，遺産分割の前提問題として相続人として払戻しをした者について事実認定をし，民法906条の2第2項の適用の可否を判断した上で，遺産分割の審判をすることが可能な場合もある。

　すなわち，実務においては，相続開始後に共同相続人によって預貯金を含む遺産が処分されたか否かが問題となる場合において，処分者の認定が容易なことがある。例えば，預貯金の払戻しが窓口で行われた場合，払戻しの手続を行った際の書類を見れば，筆跡等により，誰が払い戻したか容易に分かることがある。また，キャッシュカードを用いて自動預払機から預貯金を払い戻した場合には，カードの保管状況等により，誰が払い戻したかが容易に認定できることがある。このように認定が容易な場合には，家庭裁判所としては，裁判における判断の見通し等を踏まえ，払戻しをしたとされる相続人に対して遺産に含めることに理解を求め，どうしても理解が得られないようであれば，その他の当事者としては調停又は調停に代わる審判による解決を諦め，後に認定判断が覆るリスクを引き受けた上で，遺産分割審判を求めることになると思われる。

　　(イ)　認定が困難な場合等

　他方，払戻しの額が遺産の重要部分を占める場合，相続人として払戻しをした事実の認定が困難な場合，預貯金の払戻しをめぐる当事者間の感情的な対立が激しい場合等，前提問題の争いが解消されない状況で遺産分割手続を進めるのが難しい事案も少なくない。

　この場合，死後に払い戻された預貯金の分割を求める当事者に対し，まず，①家庭裁判所が遺産分割の審判の中でした払戻しをした相続人についての事実認定には既判力等の拘束力が生じないため，後にその事実認定が既判力のある確定判決等に抵触することとなった場合には，遺産分割の審判の全部又は一部の効力が否定されるおそれがあるという問題点があること，②遺産分割の前提問題として，死後に払い戻された預貯金が民法906条の2第2項の規定により遺産に含まれることの確認を求める民事訴訟（遺産確認訴訟）で先行解決を図ることで，主文において預貯金が遺産の範囲に含まれることが確定すること，そして，③処分者についても判決理由中の判断において確定できるというメリットがあること，④先行提起した民事訴訟の結果，払い戻された預貯金が遺産に含まれることが確定すれば，これを前提に，必要に応じて再度遺産分割の申立てをし，その分割をすることになることを説明し，他方で，民事訴訟による場合は，時間と費用がかかるデメリットがあることをそれぞれ説明することになる。その上で，死後に払い戻された預貯金について，その相続人が相続人として払戻しをしたことを示す資料の有無，内容や，払い戻された預貯金の額，その額が遺産に占める割合，調停又は調停に代わる審判限りで調整ないし解決可能な事項の有無・内容等の事情も踏まえ，後に審判が無効になるリスクを引き受けてそのまま遺産分割審判で判断を求めるか，一定の費用や時間を要するものの終局的な解決に直結する民事訴訟を提起するのかにつき，当事者の選択に委ねることになろう。

　　エ　払戻しの点に争いがない場合

　払戻しの点に争いがない場合，死後に払い戻された預貯金は，遺産分割の対象になり得る。

　(2)　相続人として払戻しをした当事者において払い戻した預貯金を自己の取得分として認めるか否か

　　ア　問題点

　前記(1)の「当事者全員において相続人として払戻しをした者が誰かについて争いがあるか否か」について争いがない場合には，次に，「相続人として払戻しをした当事者において払い戻した預貯金を自己の取得分として認める（費消せず保管している，又は，費消したが自己の取得分として認める）か否か」が問題となる。

　　イ　自己の取得分として認める意向を示す場合

　自己の取得分として認める意向を示す場合，実務においては，払戻しをした当事者を含めた相続人全員の合意ないし同意の下，払戻しをした当事者が（払い戻した預貯金である）一定額の現金を保管しているものとして，あるいは払い戻された預貯金が遺産分割の対象になる（民906条の2第1項参照）。

ウ　自己の取得分とすることを認めない意向を示す場合

自己の取得分とすることを認めない意向を示す当事者には，自己の取得分として認めない理由を説明してもらう必要がある。死後に払い戻した預貯金を，相続債務，公租公課，遺産管理費，葬儀費用など，相続人全員の利益のために費消したからといった理由が多いと思われる。払戻しをした当事者がこうした使途及び額を理由に挙げるのであれば，その主張に係る費消の事実や費消に至る経緯，遺産から支出することの相当性等について，裏付け資料を提出しながら，説明する必要があろう。

そして，払戻しをした当事者の説明に対し，他の相続人において更に説明を求める事項があれば，これを明らかにしてもらった上で，説明を補充してもらうことになろう。

以上のような経過を経て，払戻しをした当事者に払い戻した預貯金を自己の取得分として認めるか否か，最終的に明らかにしてもらう。認めない意向であれば，払戻しをした当事者が払い戻された預貯金を遺産に含めることにつき合意することはないので，払い戻された預貯金は，後記(3)で述べる場合を除き，遺産分割の対象にならない。

─【注意点】─

払戻しをした相続人が，被相続人の生前の委託に基づき，死後に払い戻し，相続債務，遺産管理費用，葬儀費用等に充てたということもあり得よう。ところで，委任者の死亡は委任の終了事由とされているが（民653条1号），同号の規定は任意規定であり，当事者間の合意によって委任者の死後の事務を含めた法律行為等の委任を行う

ことは可能であると解されている（最三小判平成4年9月22日判タ831号38頁参照）。そうすると，払戻しをした相続人は，被相続人との委任契約又は準委任契約に基づき，死後にその払戻しをしたといえるから，その払戻しは，民法906条の2第2項の趣旨に照らし，「共同相続人の一人又は数人により同項の財産が処分されたとき」に当たらないと考えられよう。そして，払戻しをした相続人以外の相続人全員が，その委任契約又は準委任契約の有無・内容を争うのであれば，前記(1)イで述べた場合と同様，払い戻された預貯金は，その契約の有無・内容次第で遺産に含まれるか否かが決まるため，遺産の範囲に関する前提問題に争いがある状況となる。この場合，証拠関係により，各契約が不存在ないしは無効，自己使用の事実が容易に認定できることもあるだろうが，同ウ(イ)の観点から進行を検討する必要がある事案も多いだろう。

(3)　相続人として払戻しをした当事者以外の相続人全員において，払い戻された預貯金を遺産分割の対象とすることに同意するか否か

ア　問題点

前記(2)の「相続人として払戻しをした当事者において払い戻した預貯金を自己の取得分として認めるか否か」について自己の取得分とすることを認めない場合には，さらに，「相続人として払戻しをした当事者以外の相続人全員において，払い戻された預貯金を遺産分割の対象とすることに同意するか否か」が問題となる。

イ　払い戻された預貯金の使途及び額が判明し，遺産から支出することの相当性を含め，相続人全員の理解を得られた場合

相続人として払戻しをした当事者以外の

相続人全員は，払い戻された預貯金を遺産分割の対象とする必要はないと考えることになるから，この場合には，遺産分割の対象とすることの「同意」という問題は生じず，払い戻された預貯金は，遺産分割の対象にならず，別途民事訴訟（不当利得返還請求訴訟又は不法行為に基づく損害賠償請求訴訟）での解決が必要になることもない。

ウ 払い戻された預貯金の使途及び額が判明し，遺産から支出することの相当性を含め，相続人の一部から理解を得られたにすぎない場合

理解を示した当該一部の相続人は，払い戻された預貯金を遺産分割の対象とする必要はないと考えることが予想され，この場合には，遺産分割の対象とすることに「同意」することはないと思われる（なお，「同意」するか否かの意向を明らかにしない相続人は「同意」したとはいえない。）。

この場合，払い戻された預貯金は，遺産分割の対象にならない。

他方，払戻しをした当事者の説明に理解を示さず遺産分割の対象とすることに「同意」をした他の相続人との間では，使途又は額が不明なまま，あるいは使途及び額が判明しても，遺産から支出することの相当性に疑義が生じる等の問題があることから，別途民事訴訟（不当利得返還請求訴訟又は不法行為に基づく損害賠償請求訴訟）での解決が必要なこともあろう。

エ 使途又は額が不明なまま，あるいは使途及び額が判明しても，遺産から支出することの相当性に疑義が生じる等，相続人全員の理解が得られない場合

払戻しをした当事者以外の相続人全員が，払い戻された預貯金を遺産分割の対象とする必要があると考えることになるから，これを遺産分割の対象にすることに「同意」するであろう。

この場合，払い戻された預貯金は，本条に基づき遺産分割の対象になる。

しかし，払戻しをした当事者と使途を問題として遺産の範囲に含めることに「同意」をした相続人全員との間では，別途民事訴訟（不当利得返還請求訴訟等）での解決が必要となることもあろう。

7 中間合意調書

遺産の範囲について当事者が合意した（中間合意）ときには，その合意内容を期日調書に記載している。中間合意を調書に記載することにより，紛争の蒸し返しを防止するとともに，当事者においても，話合いが前進していることを確実に認識し，実感することができ，紛争解決のための意欲を高めていくという効果も期待できるというメリットがある。

生前又は死後の預貯金の払戻しが問題となり，払い戻された預貯金の取扱いについても合意がされたときの中間合意調書の内容としては，例えば，次のようなものが考えられる。

⑴　被相続人Ｘの生前に払戻しをした相続人Ａを含めた相続人全員が払い戻された預貯金（100万円）を遺産に含めることに合意した場合

手続の要領等

出頭当事者
　別紙遺産目録記載の財産が被相続人Ｘの遺産であることを確認する。

（別紙）

遺産目録

1　土地
　　（中略）
3　預貯金
　⑴　○○銀行○○支店　普通預金　口座番号○○○○○○○○
　　（中略）
5　現金
　　100万円（Ａ保管）

⑵　被相続人Ｘの死後に払戻しをした相続人Ａを含めた相続人全員が払い戻された預貯金（100万円）を遺産に含めることに合意ないし同意した場合

手続の要領等

出頭当事者
　別紙遺産目録記載の財産が被相続人Ｘの遺産であることを確認する。

（別紙）

遺産目録

1　土地
　　（中略）
3　預貯金
　⑴　○○銀行○○支店　普通預金　口座番号○○○○○○○○
　　（中略）
5　払い戻された預金
　　100万円（Ａ払戻し）

民法906条の2第1項を適用した結果であることを明確に示すため，前記のような表記が考えられる。もっとも，この場合も，従前の実務における表記と同様，相続人全員の合意ないし同意の下，払い戻された預貯金を前記(1)（「5　現金」「100万円（A保管)」）と同じように記載し，遺産分割の対象とすることが多いだろう（民法906条の2第1項を適用した結果ともいい得るし，少なくとも同項を類推適用した結果と考えられる。）。

(3)　被相続人Xの死後に相続人として払戻しをした当事者A以外の相続人全員が払い戻された預貯金（100万円）を遺産に含めることに合意ないし同意した場合

手続の要領等

出頭当事者
　別紙遺産目録記載1から4までの財産が被相続人Xの遺産であることを確認する。
A以外の出頭当事者
　別紙遺産目録記載5の財産が被相続人Xの遺産であることを確認する。

（別紙）

遺産目録

1　土地
　（中略）
3　預貯金
　(1)　○○銀行○○支店　普通預金　口座番号○○○○○○○○
　　（中略）
5　払い戻された預金
　　100万円（A払戻し）

民法906条の2第2項を適用した結果であることを明確に示すため，上記のような表記が考えられる。もっとも，この場合も，A以外の相続人全員の合意ないし同意の下，払い戻された預貯金を前記(1)（「5　現金」「100万円（A保管)」）と同じように記載し，遺産分割の対象とすることが多いだろう（民法906条の2の規定を適用した結果ともいい得るし，少なくとも同規定を類推適用した結果と考えられる。）。

〈留意点〉
　問題となった生前又は死後に払い戻された預貯金は，事案に応じて的確な方法で特定されるよう留意する必要があろう。前述の記載例で足りることが多いであろうが，例えば，前記(1)の「100万円（A保管)」の末尾に括弧書きで「Aが（上記3(1)の預金口座から）（令和○年○月○日に／令和○年○月○日から令和○年○月○日までに）払い戻した預金)」等の記載を付け加えたり，

前記(2)及び(3)の「100万円（A払戻し）」を「100万円（Aが（上記3(1)の預金口座から）（令和〇年〇月〇日に／令和〇年〇月〇日から令和〇年〇月〇日までに）払い戻した預金)」等の記載に書き換えたりすることも考えられる。

　なお，民法906条の2第1項の「遺産の分割時に遺産として存在するものとみなす」という規定を厳格に解すると，これらの払い戻された預貯金を「預貯金」（前述の記載例でいえば，前記(2)及び(3)の各「3」）の項目の中で記載することも考えられるが，そのような記載方法によると，現実に存在する預貯金と分割時に存在するものとみなされる預貯金の判別がつかない事態が想定される。同期日調書（遺産目録）をもとに調停成立調書又は審判書が作成され，これらの文書を利用して預貯金の払戻しの手続がされることを念頭に置くと，金融機関において払戻しに応じるべきか否かに疑義が生じず（とりわけ，現実に存在する預貯金と分割時に存在するものとみなされる預貯金の取得者が異なる場合に疑義が生じやすいと思われる。），円滑に払戻し手続がされるよう，前述の記載例のように，民法906条の2の規定を踏まえて遺産に含めることとされる払い戻された預貯金は，現実に存在する預貯金とは別に，遺産分割の対象として特定するのが合理的であると考えられる。

【資料1】　遺産目録記載例（預貯金）

記載例（預・貯金）

【現金，預・貯金，株式等】

番号	品　　　　　目	単　位	数　量　（金　額）	備　　考
1	○○銀行○○支店　定期預金 （口座番号○○○－○○○○）		３，１０４，０００円 （令和○年○月○日残高）	通帳は申立人保管
2	ゆうちょ銀行　通常貯金 （記号番号○○○－○○○○）		１，０３５，０００円 （相続開始時）	通帳は相手方保管 現在額は不明
3	○○銀行○○支店　普通預金 （口座番号○○○○○○）		３，０００，０００円 （令和○年○月○日残高）	通帳の保管者は不明 相続開始後，本件申立て前に預貯金債権の単独行使により相手方が５０万円取得
4	○○銀行○○支店　普通預金 （口座番号○○○○○○）		１，０００，０００円 （令和○年○月○日残高）	通帳の保管者は不明 相続開始後，本件申立て前に相手方が５０万円払戻し

※　品目欄に，**銀行名，支店名**（ゆうちょ銀行の場合は不要です。），**預金・貯金の種類**（普通預金や定期預金などの区別），**口座番号又は記号番号**を，数量（金額）欄に残高を記載してください。

※　外貨預金も預金として記載してください。外貨建てMMFは投資信託として記載してください。

※　数量（金額）欄には，通帳を記帳したり金融機関から残高証明書を取得したりするなどして，番号1，番号3，番号4のように，申立て直近の残高を記載し，金額の下に「令和○年○月○日残高」と記載してください。通帳を相手方が保管していて記帳等ができない場合に限って，番号2のように相続開始時の残高を記載し，金額の下に「相続開始時」と記載することで構いませんが，必ず備考欄に「現在額は不明」と付記してください。

※　備考欄には，**通帳や証書の保管者**を記載してください。

　　（例）「通帳は相手方E保管」「証書の保管者は不明」

　　被相続人の死後，本件申立て前に民法９０９条の２に基づいて単独で預貯金債権を行使した共同相続人がいるときは，番号3のように，その行使者と払戻金の合計額を記載してください。

　　被相続人の死後，本件申立て前に払い戻された（処分された）預貯金で，民法９０６条の２に基づいて遺産とみなすものは，番号4のように，その払戻しをした者（処分者）と払戻金の合計額を記載してください。

【資料2】　遺産の範囲のイメージ図（A案）

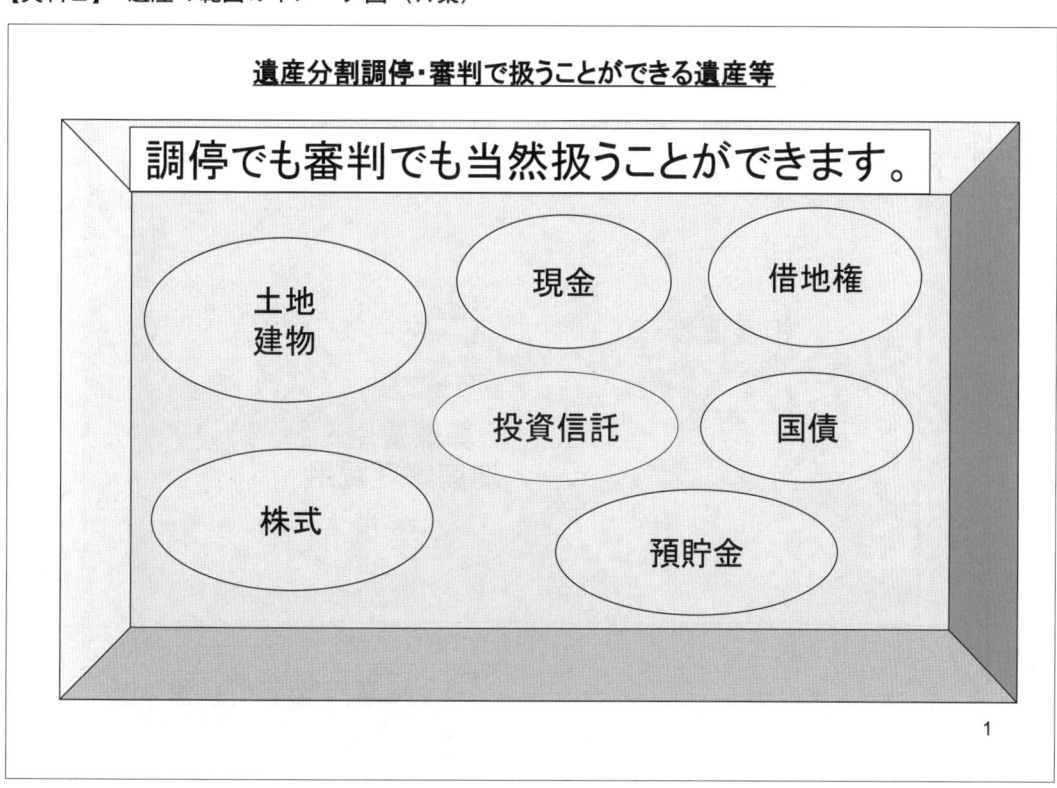

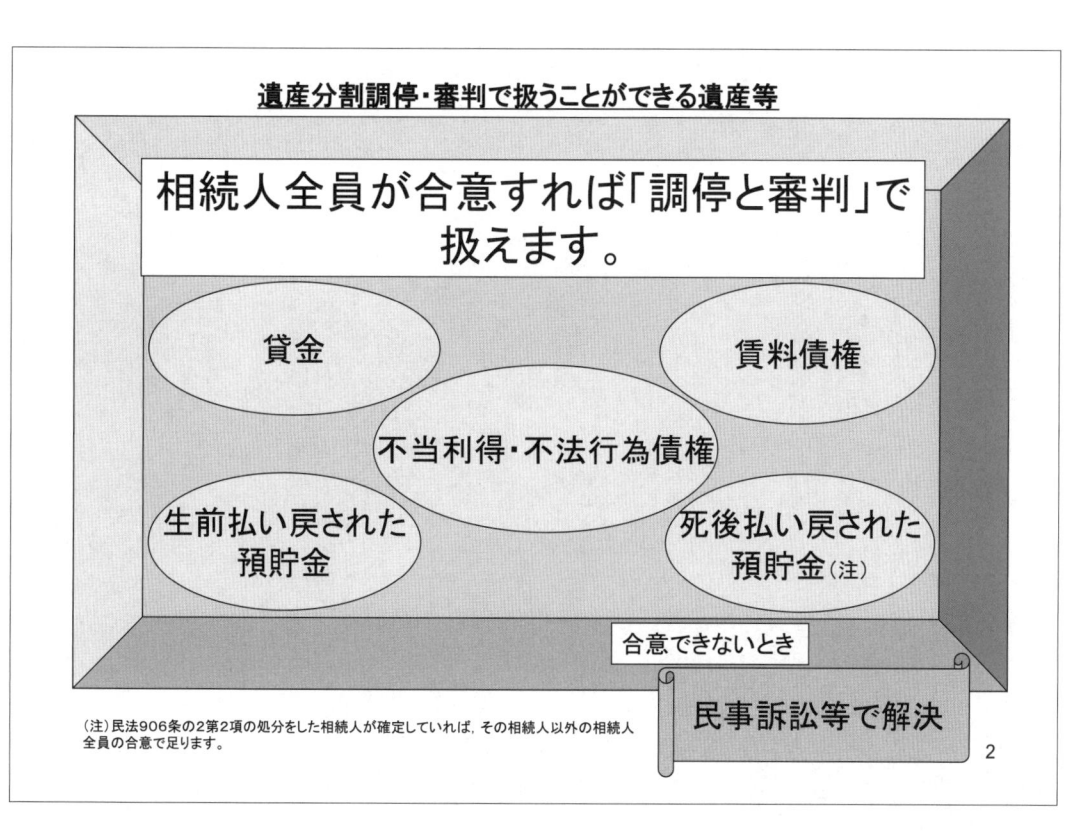

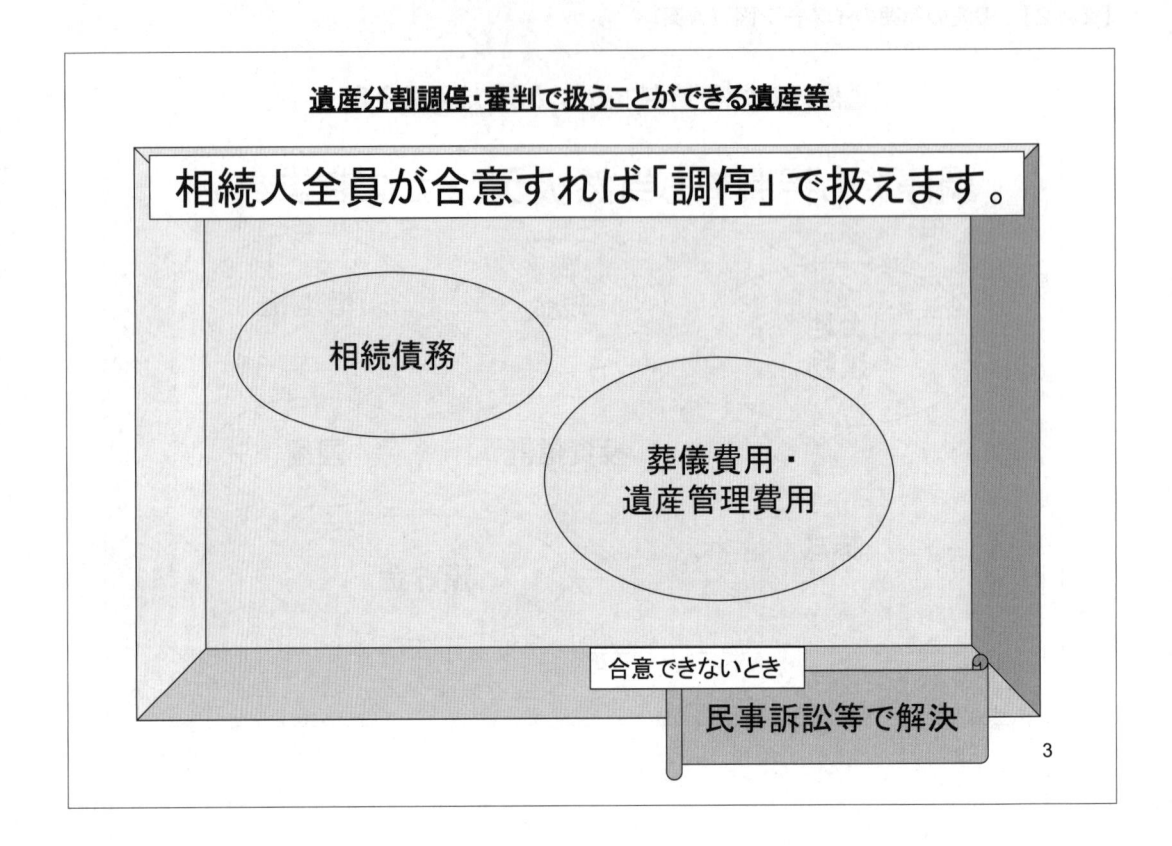

【資料3】　遺産の範囲のイメージ図（B案）

遺産分割調停・審判で「遺産」として扱われるものはどのようなものですか？

遺産分割調停・審判での「遺産」とは

> 1　亡くなられた方（被相続人）が所有していたプラスの財産

かつ

> 2　亡くなられた時（相続開始時）に存在していたプラスの財産

かつ

> 3　現在も存在しているプラスの財産

> 重要なポイントは，3の「現在も存在しているプラスの」財産ということです。例えば，相続開始時に存在していたものであっても，遺産分割調停・審判の時点で無くなってしまった財産は，遺産分割において「遺産」とすることはできません。

1

遺産分割調停・審判では，どのような「遺産」であっても必ず扱ってくれるのですか？

遺産分割調停・審判では，必ず扱う「遺産」とそうではない「遺産」があります。

> 遺産分割調停・審判で必ず扱う「遺産」

> 遺産分割調停・審判で扱うことに
> 相続人の皆さん全員の合意が必要となる「遺産」

> これ以外のものは，そもそも「遺産」ではありませんから，本来は遺産分割調停・審判で扱うことができないものになります。
> もっとも，「遺産」ではありませんが，相続人の皆さん全員が合意すれば例外的に調停や審判で扱えるものもあります。

2

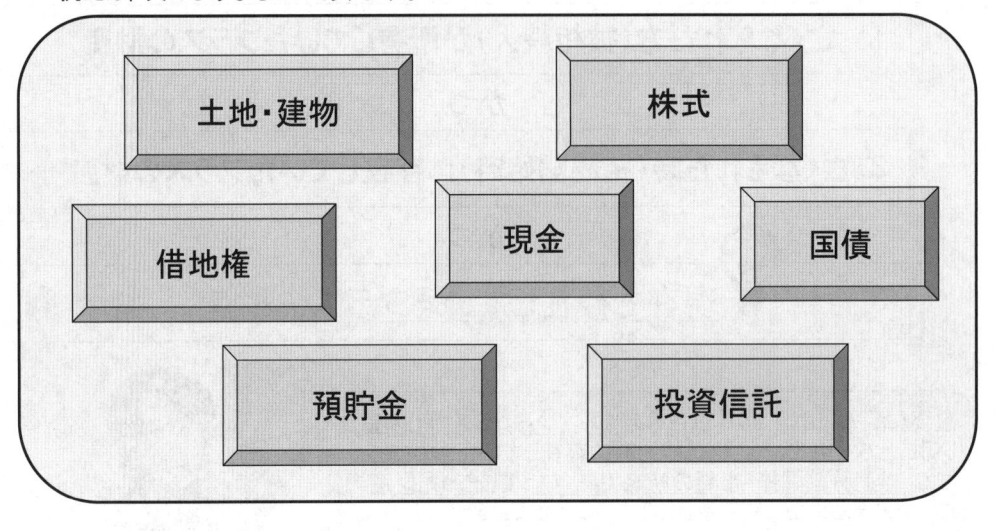

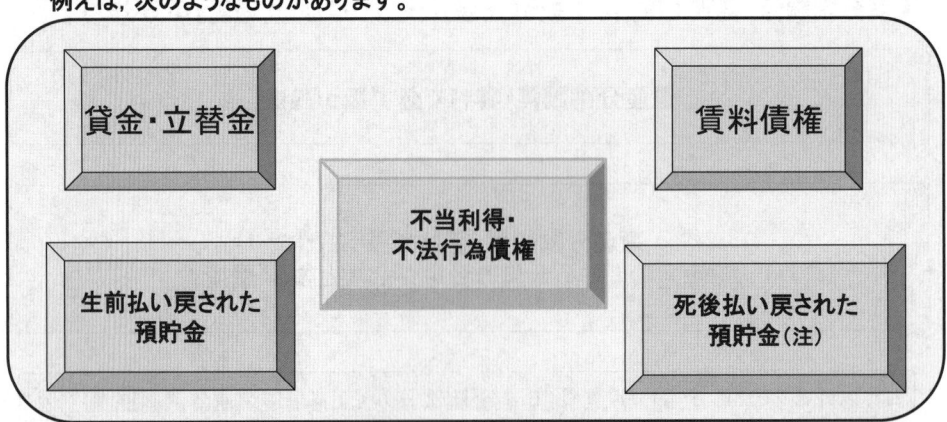

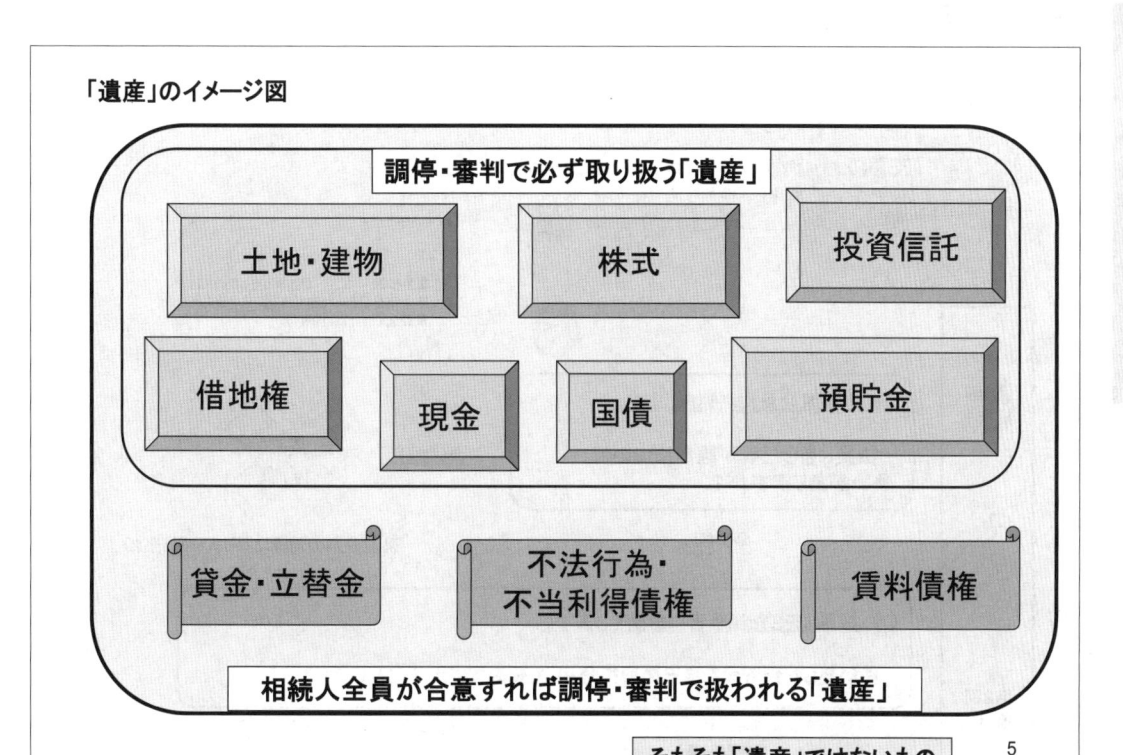

【資料４】　使途不明金ツール（生前）

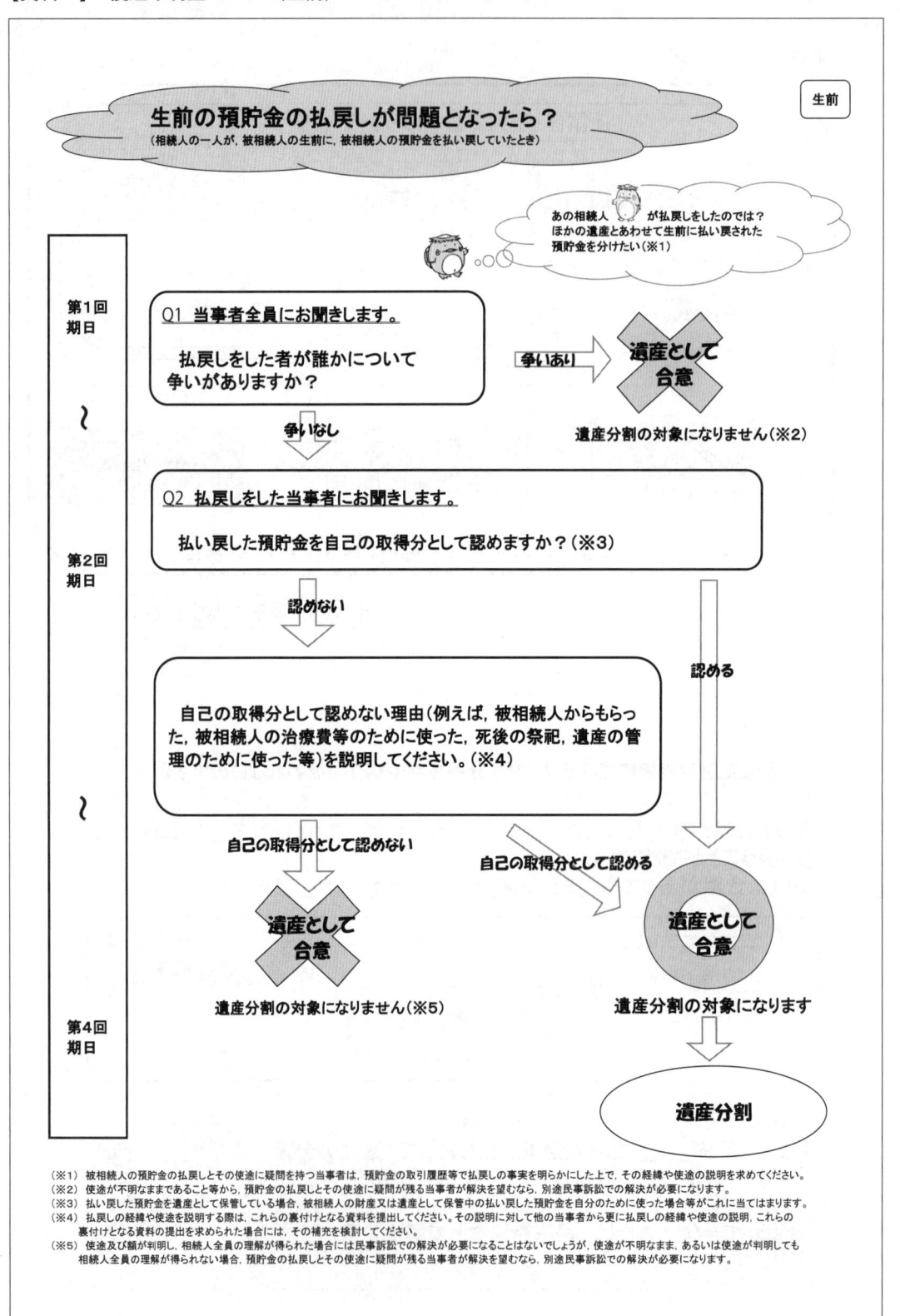

(※1)　被相続人の預貯金の払戻しとその使途に疑問を持つ当事者は，預貯金の取引履歴等で払戻しの事実を明らかにした上で，その経緯や使途の説明を求めてください。
(※2)　使途が不明なままであること等から，預貯金の払戻しとその使途に疑問が残る当事者が解決を望むなら，別途民事訴訟での解決が必要になります。
(※3)　払い戻した預貯金を遺産として保管している場合，被相続人の財産又は遺産として保管中の払い戻した預貯金を自分のために使った場合等がこれに当てはまります。
(※4)　払戻しの経緯や使途を説明する際は，これらの裏付けとなる資料を提出してください。その説明に対して他の当事者から更に払戻しの経緯や使途の説明，これらの
　　　裏付けとなる資料の提出を求められた場合には，その補充を検討してください。
(※5)　使途及び額が判明し，相続人全員の理解が得られた場合には民事訴訟での解決が必要になることはないでしょうが，使途が不明なまま，あるいは使途が判明しても
　　　相続人全員の理解が得られない場合，預貯金の払戻しとその使途に疑問が残る当事者が解決を望むなら，別途民事訴訟での解決が必要になります。

【資料5】　使途不明金ツール（死後）

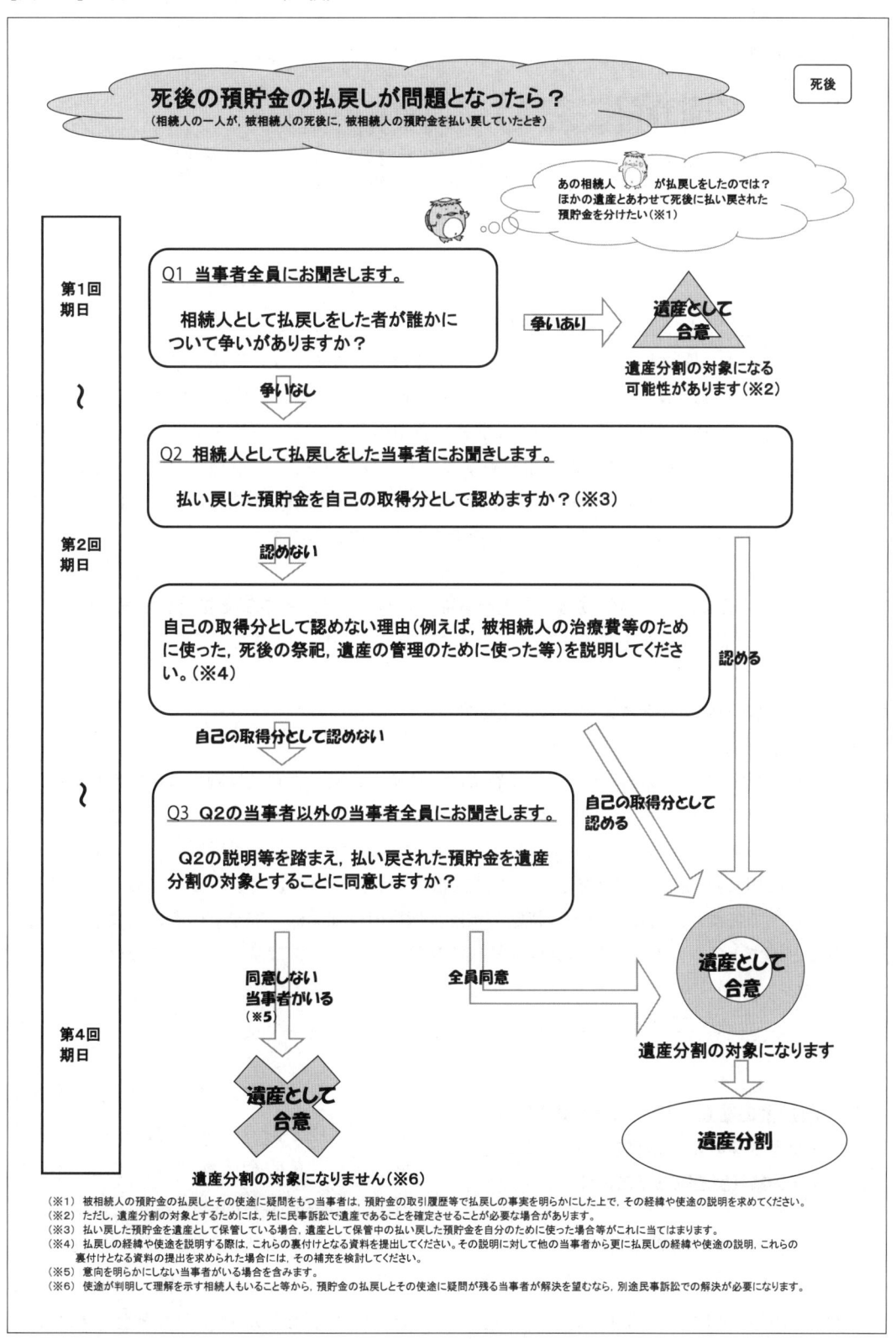

（※1）　被相続人の預貯金の払戻しとその使途に疑問をもつ当事者は，預貯金の取引履歴等で払戻しの事実を明らかにした上で，その経緯や使途の説明を求めてください。
（※2）　ただし，遺産分割の対象とするためには，先に民事訴訟で遺産であることを確定させることが必要な場合があります。
（※3）　払い戻した預貯金を遺産として保管している場合，遺産として保管中の払い戻した預貯金を自分のために使った場合等がこれに当てはまります。
（※4）　払戻しの経緯や使途を説明する際は，これらの裏付けとなる資料を提出してください。その説明に対して他の当事者から更に払戻しの経緯や使途の説明，これらの
　　　　裏付けとなる資料の提出を求められた場合には，その補充を検討してください。
（※5）　意向を明らかにしない当事者がいる場合を含みます。
（※6）　使途が判明して理解を示す相続人もいること等から，預貯金の払戻しとその使途に疑問が残る当事者が解決を望むなら，別途民事訴訟での解決が必要になります。

遺産分割前における預貯金の払戻し制度の創設等に関する運用

（遺産の分割前における預貯金債権の行使）

民法第909条の2　各共同相続人は，遺産に属する預貯金債権のうち相続開始の時の債権額の3分の1に第900条及び第901条の規定により算定した当該共同相続人の相続分を乗じた額（標準的な当面の必要生計費，平均的な葬式の費用の額その他の事情を勘案して預貯金債権の債務者ごとに法務省令で定める額を限度とする。）については，単独でその権利を行使することができる。この場合において，当該権利の行使をした預貯金債権については，当該共同相続人が遺産の一部の分割によりこれを取得したものとみなす。

民法第909条の2に規定する法務省令で定める額を定める省令（平成30年法務省令第29号）

　　民法第909条の2に規定する法務省令で定める額は，150万円とする。

（遺産の分割の審判事件を本案とする保全処分）

家事事件手続法第200条　1，2　（略）

3　前項に規定するもののほか，家庭裁判所は，遺産の分割の審判又は調停の申立てがあった場合において，相続財産に属する債務の弁済，相続人の生活費の支弁その他の事情により遺産に属する預貯金債権（民法第466条の5第1項に規定する預貯金債権をいう。以下この項において同じ。）を当該申立てをした者又は相手方が行使する必要があると認めるときは，その申立てにより，遺産に属する特定の預貯金債権の全部又は一部をその者に仮に取得させることができる。ただし，他の共同相続人の利益を害するときは，この限りでない。

4　（略）

1　預貯金の払戻し制度（家庭裁判所の判断を経ないで，預貯金の払戻しを認める方策（民法909条の2））

(1)　改正の趣旨，制度の概要

　平成28年12月19日の最高裁判所大法廷決定（民集70巻8号2121頁，以下「本決定」という。）は，従前の判例を変更し，預貯金債権が遺産分割の対象に含まれるとの判断を示した。預貯金債権については，本決定前は，相続開始と同時に各共同相続人の相続分に応じて当然に分割され，これにより，各共同相続人は自己に帰属した債権を単独で行使することができることとされていた

が，本決定後は，遺産分割までの間は，共同相続人全員の同意を得なければ権利行使をすることができないこととなった。そのため，共同相続人において相続債務の弁済をする必要がある，あるいは，被相続人から扶養を受けていた共同相続人の当面の生活費を支出する必要があるなどの事情により，被相続人が有していた預貯金を遺産分割前に払い戻す必要がある場合に支障を来すこととなった。

そこで，改正相続法は，共同相続人の各種の資金需要に迅速に対応することを可能とするため，各共同相続人が，遺産分割前に，裁判所の判断を経ることなく，一定の範囲で遺産に含まれる預貯金債権を行使することができる制度を設けることとした（民909条の2，『一問一答』68，69頁，『概説』50〜52頁）。

なお，民法909条の2の規定は，令和元年7月1日から施行される。同日前に開始した相続については，なお従前の例によるのが原則であるが（附則2条），民法909条の2の規定は，同日前に開始した相続に関し，同日以後に預貯金債権が行使されるときにも，適用することとされている（附則5条1項）。また，同日から令和2年4月1日の前日までの間における民法909条の2の規定の適用については，同条中，「預貯金債権のうち」とあるのは，「預貯金債権（預金口座又は貯金口座に係る預金又は貯金に係る債権をいう。以下同じ。）のうち」（附則5条2項）とされている。

（2）内　容
　ア　払戻し可能な金額について
民法909条の2前段では，各共同相続人は，遺産に属する預貯金債権の一部につい

ては，単独でその権利を行使することができることとしている。

もっとも，本決定は，現金類似の性質を有する預貯金債権の性質等を考慮して従前の判例を変更し，預貯金債権を遺産分割の対象とする旨の判断を示したことに鑑みると，立法により，預貯金債権の一部について単独で権利行使をすることができることにするとしても，その適用範囲は本決定の趣旨に反しない限度にとどめるのが相当であると考えられる。

そこで，同条前段では，その範囲を，各預貯金債権の額の3分の1に払戻しを求める共同相続人の法定相続分を乗じた額を単独で権利行使することができる額としている（預貯金債権の3分の2は遺産分割の対象財産として確保することにより，預貯金債権も含めた公平な遺産分割を実現しようとした本決定の趣旨を没却しないよう配慮されている。）。

また，同条前段によって権利行使をすることができる預貯金債権の割合及び額については，個々の預貯金債権ごとに判断されることになる。

なお，同条前段では，権利行使をすることができる預貯金債権の割合及び額を計算する場合の基準時は，「相続開始の時」とされている。この制度では，預貯金債権の債務者である金融機関において，権利行使可能な範囲内にあるかどうかを判断することが予定されており，金融機関が明確にその判断をすることができるようにする必要があるためである。したがって，相続開始後に何らかの理由によって預貯金債権の額が増減した場合であっても，金融機関としては相続開始の時を基準として計算すれば

足りることとなる。

イ　金融機関ごとの上限について

民法909条の2前段では，前記アの割合による上限のほか，同一の金融機関に対して権利行使をすることができる金額についても上限が設けられている。この金額については法務省令に委任しているため，同一の金融機関に複数の口座がある場合でも，その金融機関から払戻しを受けることができる額は法務省令で定める額が限度となる。

このような金額による上限を設けることとしたのは，①この制度は裁判所の個別的判断を経ずに払戻しを認めるものであるため，類型的に預貯金の払戻しの必要性が認められる額に限定すべきであると考えられること，②上限額を設けないと，具体的相続分を超過した支払が行われた場合にその超過額が大きくなって，他の共同相続人の利益を害する程度が大きくなり，本決定の

趣旨を没却するおそれがあることを考慮したことによる。また，同条前段では，金額による上限額を設けることにより，他の共同相続人の利益を害さないようにするという要請と，簡易かつ迅速に一部の預貯金の払戻しを受けられるようにするという要請の両者を満たすものとして，金融機関ごとに上限額を定めるという考え方が採用された。

同条が，前記の払戻しを請求できる金額の上限額につき，標準的な当面の必要生計費，平均的な葬式の費用の額その他の事情を勘案して定めるものとし，その上限額を法律で規定するのではなく法務省令に委任をして柔軟な対応を図ることにしたのは，上記事情が景気や社会情勢によって変動する可能性があるからである。これを受けて，法務省令において，上限額は150万円と定められた。

〔計算式〕

相続開始時の預貯金債権の額（口座基準）×1/3×当該払戻しを求める共同相続人の法定相続分＝単独で払戻しをすることができる額

　※　ただし，同一の金融機関に対する権利行使は，法務省令で定める額（150万円）を限度とする

ウ　民法909条の2の規定に基づき払戻しがされた場合の効果について

民法909条の2後段では，同条前段の規定に基づき権利行使がされた預貯金債権については，その権利行使をした共同相続人が遺産の一部の分割によりこれを取得したものとみなすこととしている。

これにより，仮に共同相続人の一部の者が同条前段の規定に基づき払い戻した預貯金の額がその者の具体的相続分を超過する場合でも，当該共同相続人は，遺産分割においてその超過部分を精算すべき義務を負

うことになり，相続人間の公平が確保されることになる。また，本来は共同相続された預貯金債権は遺産分割の対象財産となり，各共同相続人の単独での権利行使は認められないところ，同条は，その例外として，相続人の小口の資金需要に対応できるよう預貯金債権の一部について単独での権利行使を認めることとしたものであり，権利行使をするか否かも当該相続人の判断に委ねられているのであるから，この制度により具体的相続分を超える預貯金の払戻しをした相続人に遺産分割において精算の義務を

課したとしても，当該相続人に特段過大な負担を課すとか，不利益を課すことにはならないものと考えられる（『一問一答』75頁）。

─【民法909条の2と同法906条の2の関係】─

　民法906条の2の規定は，相続開始後の処分がされた場合一般に関する規定であるのに対し，民法909条の2の規定は，そのうち，遺産に属する預貯金債権について共同相続人単独の権利行使を認めた上で，その権利行使された場合に関する特則を設けるものである。したがって，民法906条の2の規定は，その特則である民法909条の2後段の規定が適用されない場合にのみ適用されることとなるものと考えられる。民法909条の2の規定に基づき各共同相続人が預貯金の払戻しを求めてきた場合には，預貯金債権の債務者である金融機関において，同条の規定による権利行使可能な範囲内にあるかどうかを判断することが予定されている。そうすると，例えば，共同相続人の一人が，債務者である金融機関に対し，自らが相続人であることを主張して被相続人の預貯金債権の一部について払戻しを求めてきた場合には，金融機関において上記の判断をすることが可能であるから，この場合については同条の規定が適用されることになる。これに対し，共同相続人の一人が，被相続人名義のキャッシュカードを用いてATMから預金を払い戻した場合や，自らが被相続人であると偽って被相続人名義の払戻請求書を作成し，銀行窓口で払戻しを受けた場合については，金融機関はこれらの払戻しが同条の規定に基づくものであるかどうかを判断し得ないから，同条の規定は適用されないものと考えられる。したがって，これらの場合については民法906条の2の規定が適用されることになる（『一問一答』77頁）。

─【一部分割と残余財産の分割との関係】─

　一部分割協議が先行した場合，一部分割がなされた遺産は審判分割の対象から除外され，残余財産のみが審判の対象となるが，一部分割の内容が共同相続人間に不公平を生じさせる場合には，残余財産の分配に当たって一部分割により遺産を取得した共同相続人の取得分に影響を及ぼすこともあり得る（『遺産分割』428頁）。民法909条の2後段は，共同相続人間の公平を図るため，上記のように残余財産の分配に影響が及ぶという法的構成を擬制したものといえよう。

　エ　払戻し請求をするに当たって必要な書類等

　民法909条の2の規定の適用を受けるに際し，金融機関にどのような資料を提示する必要があるかについては，法律上の規定がない。

　もっとも，同条は，相続開始時の預貯金債権の額の3分の1に払戻しを求める者の法定相続分を乗じた額の範囲内で払戻しを認めることとしていることから，①被相続人が死亡した事実，②相続人の範囲及び③払戻しを求める者の法定相続分が分かる資料の提示が必要になるものと考えられる。具体的には，これらの事実を証する戸籍等がこれに該当するであろう。

　他方，金融機関においては，払戻し可能な金額の範囲内にあるかどうかを確認した上で弁済をすることになることから，誰が，いつ（払戻日），いくら（払戻額），払戻しを行ったのか正確に記録をしておくことが求められることになる（『一問一答』74頁）。

　オ　遺言相続との関係について

　民法909条の2は，その文言上，「遺産に属する預貯金債権」を対象としているとこ

ろ，預貯金債権が遺贈や特定財産承継遺言（いわゆる「相続させる」旨の遺言のうち遺産の分割方法の指定として遺産に属する特定の財産を共同相続人の一人又は数人に承継させる旨の遺言。民1014条2項参照）の対象となっている場合に同条の払戻しの対象となるかが問題となる。

　この点，ある預貯金債権が遺贈や特定財産承継遺言の対象となった場合には，遺産に属しないこととなるから，同条の規定による払戻しの対象とならないのが原則であるが，改正相続法の下では，遺贈だけでなく，特定財産承継遺言についても対抗要件主義が適用されることとなったから（民899条の2），金融機関としては所定の債務者対抗要件（遺贈については民467条，特定財産承継遺言については民899条の2第2項参照）が具備されるまでは，当該預貯金債権が遺産に属していることを前提に処理をすれば足り，その後に債務者対抗要件が具備されたとしても，既にされた民法909条の2の規定による払戻しが無効になることはないものと考えられる（『一問一答』79頁）。

　(3)　遺産分割事件における運用

　ア　申立て段階

　前記(2)のとおり，民法909条の2前段の規定に基づいて遺産の分割前に預貯金債権が単独で行使された場合には，これに続く遺産分割において，具体的相続分や現実的取得分額を算定するに当たり，同権利行使の対象とされた預貯金債権（金融機関名，支店名，預貯金の種別，口座番号，記号番号等），同権利行使をした共同相続人の氏名，同権利行使をした日（払戻日），同権利行使の額（払戻額）を明らかにする資料が速やかに提出される必要がある。

　そこで，申立人は，申立てに当たり，上記権利行使の内容を明らかにする資料を（他の当事者の権利行使の内容を明らかにする資料を含めて）入手し，これを踏まえて申立書及び事情説明書を作成することが期待され，相手方においても，手続開始前後を含め，上記権利行使の内容を明らかにする資料を入手し，これを踏まえて答弁書を作成することが期待される。申立書添付の遺産目録（現金，預・貯金，株式等）中，預貯金の備考欄に上記権利行使に関する記載をすること等が考えられよう（【資料1】参照）。

【金融機関の対応】

　金融機関は，預貯金債権の単独行使の内容について，同権利行使者以外の共同相続人から開示を求められる可能性がある。この点，預金契約上の地位自体は共同相続人全員が承継しており，その共同相続人の一人が取引履歴の開示を求めることもあり得るところであって，少なくとも預貯金契約自体が継続している間は履歴の開示ということはあり得ていいのではないかとの指摘がされており（法制審部会第23回議事録），これを受けて，預貯金債権の単独行使がされると遺産の一部分割とみなされ，その事実は遺産分割全体に影響を与え共同相続人全員の利害に関係することから，金融機関の開示の相手方が共同相続人にとどまる限り，同権利行使者との関係で守秘義務の問題を生ずる余地はない，または，守秘義務の利益と開示の利益では開示の利益の方がより大きいと考えることは十分可能であると考えられるとの指摘もされている（藤原彰吾「預貯金債権の仮払い制度の実務運用」法律のひろば2018年12月号36〜37頁）。

イ　遺産の範囲

民法909条の２前段の規定に基づいて払い戻された預貯金は遺産分割時に存在せず，同条後段の規定に基づき，払戻しをした共同相続人が遺産の一部の分割によりこれを取得したものとみなされることから，遺産分割の調停・審判で当然に分割対象となる財産ではない。

もっとも，遺産分割の調停・審判では，同条前段の規定に基づいて預貯金の払戻しがされた場合，みなし相続財産の算定に際しては，払い戻された預貯金の額を加算し，未分割の遺産に対する払戻しをした当事者の現実的取得分額の算定に際しても，払い戻された預貯金の額を控除することになるが，この取扱いは，実質的には民法906条の２における取扱いと同様である。そこで，便宜上，払戻しをした相続人を含めた相続人全員の合意の下，払戻しをした相続人が，（払い戻した預貯金である）一定額の現金を保管しているものとして，これを遺産分割の対象とし，遺産の範囲について合意（中間合意）する際，期日調書の遺産目録中に払い戻された預貯金を挙げておくことも考えられよう。

例えば，民法909条の２前段の規定に基づいて払戻しをした相続人Ａを含めた相続人全員が，払い戻した預貯金（100万円）を遺産に含めることに合意したときの中間合意調書の内容としては，以下のようなものが考えられる。

手続の要領等

出頭当事者

　別紙遺産目録記載の財産が被相続人Ｘの遺産であることを確認する。

（別紙）

遺産目録

1　土地
　　（中略）
3　預貯金
　(1)　○○銀行○○支店　普通預金　口座番号○○○○○○○○
　　（中略）
5　現金
　　100万円（Ａ保管）

【注意点】　前記第１の**7**のように，事案に応じて的確な方法で特定されるよう留意する必要があろう。本文の記載例で足りることが多いであろうが，例えば，「100万円（Ａ保管）」を「100万円（Ａが（上記3(1)の預金口座から）（令和○年○月○日に／令和○年○月○日から令和○年○月○までに）（民法909条の２の規定に基づいて）払い戻した預金）」等の記載に書き換えることも考えられる。

　なお，前記第１の**7**(2)のように，「5　払い戻された預金」「100万円（Ａ払戻し）」と表記し，上記のように事案に応じて特定方法の修正を検討することもあり得よう。

また，同条前段の規定に基づいて払い戻された預貯金は，遺産分割の調停・審判で当然に分割対象となる財産ではないことから，遺産目録に上記のような便宜上の取扱いはしないものの，払戻しをした相続人が一部分割により取得したことを明確にさせるため，遺産の範囲について合意（中間合意）する際等に，同規定に基づき，誰が，いつ，いくら払い戻したのかについて確認しておくことが考えられる。上記と同様の事例であれば，例えば，以下のような中間合意調書の内容が考えられる。

手続の要領等

出頭当事者
1　別紙遺産目録記載の財産が被相続人Xの遺産であることを確認する。
2　Aが民法909条の2の規定に基づき，令和○年○月○日，別紙遺産目録記載3⑴の預金口座から100万円を払い戻したことを確認する。

（別紙）

遺産目録

1　土地
　（中略）
3　預貯金
　⑴　○○銀行○○支店　普通預金　口座番号○○○○○○○
（以下略）

ウ　遺産の評価，各相続人の取得額等

民法909条の2前段の規定に基づいて遺産の分割前に預貯金債権が単独で行使された場合には，これに続く遺産分割において，その権利行使の額（払い戻された預貯金の額）をみなし相続財産の算定の基礎に加え，未分割の遺産に対する同権利行使者の現実的取得分額から同権利行使の額（払い戻された預貯金の額）を控除することになる。

なお，前記イのように，同条前段の規定に基づいて払い戻された預貯金についても，遺産分割の調停・審判の中でその取扱いを明確にさせるため，便宜上，払戻しをした相続人を含めた相続人全員の合意の下，払戻しをした相続人が，（払い戻した預貯金である）一定額の現金を保管しているものとして，これを遺産分割の対象とする場合には，上記のような算定過程は遺産の評価及び遺産の分割方法に関する問題となるから，前記第1の4⑶及び⑷と同様に考えることができるだろう。

2　家事事件手続法の保全処分の要件を緩和する方策について（家事事件手続法200条3項関係）

⑴　改正の趣旨，制度の概要

民法909条の2の預貯金の払戻し制度は，

遺産分割前であるにもかかわらず，裁判所の判断を経ずに当然に預貯金の払戻しを認める制度であるため，相続人間の公平な遺産分割の実現を阻害しないように限度額が定められている。そこで，同制度の限度額を超える比較的大口の資金需要がある場合については，家事事件手続法200条2項の仮分割の仮処分を活用することが考えられる。しかし，同項は共同相続人の「急迫の危険を防止」する必要がある場合という厳格な要件を課しているため，前記の資金需要に柔軟に対応することは困難であると考えられる。

そこで，改正相続法は，前記預貯金の払戻し制度に加え，預貯金債権の仮分割の仮処分についても家事事件手続法200条2項の要件を緩和することとし，相続開始後の資金需要に柔軟に対応することができるようにした（家事法200条3項，『概説』52頁）。

なお，家事事件手続法200条3項の規定は令和元年7月1日から施行される。同日前に開始した相続については，なお従前の例による（附則2条）。また，同日から令和2年4月1日の前日までの間における同規定の適用については，同項中「民法第466条の5第1項に規定する預貯金債権」とあるのは，「預金口座又は貯金口座に係る預金又は貯金に係る債権」とする（附則11条2項）とされている。

(2) 内　容

ア　家事事件手続法200条3項の要件

(ア)　本案係属要件について

家事事件手続法200条2項の仮処分等と同様，遺産分割の調停又は審判の申立てをした申立人又は相手方（共同相続人の一人又は数人）がすることができることとされ

ている。

(イ)　権利行使の必要性について

預貯金債権の仮分割の仮処分は，相続財産に属する債務の弁済，相続人の生活費の支弁など家庭裁判所が遺産に属する預貯金債権を行使する必要があると認める場合に許容される。

家事事件手続法200条3項では，相続財産に属する債務の弁済，相続人の生活費の支弁といった事情を例示として掲げているが，これに限る趣旨ではなく，必要性の判断については，家庭裁判所の裁量に委ねることとされている（『一問一答』80頁）。

(ウ)　他の共同相続人の利益を害しないことについて

家事事件手続法200条3項では，他の共同相続人の利益を害しない限り，預貯金債権の仮分割の仮処分を認めることとされている。具体的な審査の内容については，個別具体的な事件を担当する裁判官の判断に委ねられるが，一般に，預貯金債権については，その取得を希望する共同相続人が多いと考えられるから，当該預貯金債権の額に申立人の法定相続分を乗じた額の範囲内に限定するのが相当であると考えられる。また，仮処分の申立てをした者に多額の特別受益がある場合には，他の共同相続人の具体的相続分を侵害することがないよう，さらにその額を限定すべきことになるものと考えられる。

他方で，他の共同相続人が特に預貯金債権の取得を希望していないような場合には，遺産の総額に申立人の法定相続分を乗じた額の範囲内（相手方から特別受益の主張がある場合には具体的相続分の範囲内）で仮払いを認めることも可能であり，さらには，被

相続人の債務の弁済を行う場合など事後的な精算も含めると相続人間の公平が担保され得る場合には，一定の条件の下で更なる増額を認めることもあり得るものと考えられる。

　　イ　仮処分の効果について

　　(ア)　前記アの各要件を満たす場合には，家庭裁判所は，仮分割の仮処分として，預貯金債権を申立人に仮に取得させることができる。

　　(イ)　仮分割の仮処分がされた場合に，これが本案の遺産分割に与える影響については，民事事件における保全処分（仮の地位を定める仮処分）と本案訴訟との関係と同様に解することができるものと考えられ（最三小判昭和54年4月17日民集33巻3号366頁参照），原則として，仮分割により申立人に預貯金の一部が給付されたとしても，本案の遺産分割においてはそれを考慮すべきではなく，改めて仮分割された預貯金債権を含めて遺産分割の調停又は審判をすべきものと考えられる（『一問一答』84頁）。

　　ウ　家事審判手続（必要書類，審判に
　　　　要する期間，主文）について

　　(ア)　家事事件手続法200条3項の規定に基づく預貯金の仮払いは，審判前の保全処分（仮分割の仮処分）であるから，その申立てに当たっては，申立書のほか，戸籍関係書類，住所関係書類及び遺産関係書類等の本案において提出すべき書類も必要になるものと考えられる（もっとも，原本を本案において提出済みの場合は，写しを提出することで足りるものと考えられる。）。また，遺産関係書類としては，遺産の全体像を明らかにする書面のほか，仮に取得させるべき預貯金の範囲を判断するため，原則とし

て直近の残高証明書の提出が必要になるものと考えられる。さらに，仮分割の仮処分の必要性を判断するために，申立人の収入状況のほか，仮払いを必要とする費目及びその金額を裏付ける資料（請求書，陳述書等）等の提出が必要になるものと考えられる（『一問一答』85頁）。

　　(イ)　同項の規定による仮分割の仮処分については，仮の地位を定める仮処分という法的性質を有することから，原則として，審判を受ける者となるべき者の陳述を聴かなければ，審判をすることができない（家事法107条）。このため，家庭裁判所が仮払いを求める申立てを受けた場合には，共同相続人全員に対してその陳述を聴取する期日を通知し，その陳述を現実に聴取したり，照会書を送付したりする等の手続を経た上で審判をする必要があり，仮分割の仮処分の審判までには，相応の日数を要することになるものと考えられる。

　　(ウ)　同項は，「遺産に属する特定の預貯金債権の全部又は一部」を仮に取得させることができるとしていることから，その主文においては，預貯金債権の特定とともに，その一部を取得させる場合にはその金額の明示が必要になると考えられる。なお，申立人に，金融機関から払戻しを受ける権限がある旨を明示する必要があるかどうかは考え方が分かれ得るところであるが，これを明示しておけば，金融機関としては安心して払戻しに応じることができるといったメリットがあるものと考えられる（『一問一答』85・86頁）。

(3)　運　用

　家事事件手続法200条2項の規定に基づく預貯金債権の仮分割の仮処分に関する運

用については，片岡武ほか「相続預貯金の遺産分割に関する家裁実務—最大決平28.12.19を受けて—」金法2065号21〜27頁で検討したとおりであり，改正相続法によっても特に変更はない。

以下では，家事事件手続法200条3項の規定により預貯金債権の仮分割の仮処分の実体的要件が緩和されたことを踏まえ，同条2項の運用と重複するところもあるが，同条3項の規定に基づく預貯金債権の仮分割の仮処分に関する運用について検討する。

ア　申立手続

(ア)　管轄

本案の審判又は調停事件の係属する家庭裁判所である。本案の審判事件が高等裁判所に係属するときは，その高等裁判所となる（家事法105条）。

家事第5部では，遺産分割については原則として調停を先行させており，審判申立てがあってもほぼ例外なく調停に付して進行させているのが実情であるから，仮分割の仮処分を必要とする事案であっても，そのことだけを理由に遺産分割審判の申立てを選択することがないように留意されたい。

(イ)　受付手続

a　申立権者等

本案の申立人又は相手方である（家事法200条3項）。仮分割の仮処分の手続は，相続人全員が当事者になる必要があり（相続分の譲渡等がある場合を除く。），遺産を仮に取得することを求めるものが申立人となり，その余の相続人全員を相手方として申し立てる必要がある。なお，手続は申立てによってのみ開始する。

b　申立書

申立ての趣旨及び当該保全処分を求める事由を明らかにしなければならない（家事法106条1項）。

申立ての趣旨には，仮分割の仮処分の対象財産及び求める仮処分の態様（仮分割）を明示する。

申立書には，当事者目録（相続人全員を当事者とするもの）及び遺産目録（全ての遺産を記載したもの）の添付も必要である（家事規則1条1項1号，102条1項）。

c　添付書類

(a)　本案認容の蓋然性，保全処分の必要性等，保全処分を求める事由を疎明しなければならない（家事法106条2項）。

仮分割の仮処分の類型に応じた添付書類の詳細は後記(4)イを参照されたい。

(b)　戸籍関係書類，住所関係書類，遺産関係書類（預貯金通帳の写し又は残高証明書，不動産登記事項証明書，固定資産評価証明書等。なお，仮に取得させるべき預貯金の範囲を判断するため預貯金の直近残高を把握する必要があり，原則として直近の残高が記帳された預貯金通帳の写し又は直近の残高証明書の提出が必要である。）。本案での提出書類の写しで足りる。

(c)　手続代理委任状

d　申立費用

収入印紙1000円（民訴費3条1項別表第1の16項イ）

イ　実体的要件

仮分割の仮処分の実体的要件は，「相続財産に属する債務の弁済，相続人の生活費の支弁その他の事情により遺産に属する預貯金債権……を当該申立てをした者又は相手方が行使する必要があると認めるとき」であり，かつ，「他の共同相続人の利益を害するとき」でないことである。

仮分割の仮処分の類型に応じた権利行使の必要性についての検討は後記(4)ウを参照されたい。

ウ　審理手続

(ア)　陳述聴取

仮の地位を定める仮処分は，原則として，審判を受ける者となるべき者の陳述を聴かなければ命ずることはできない（家事法107条本文）が，陳述聴取の方法については限定されておらず，審問期日を開いて陳述を聴取するほか，照会書等の書面によることも可能である。もっとも，後述する一部分割調停の活用も視野に入れると，緊急性が特に高い事案を除き，審問の期日を指定することとなると思われる。

(イ)　審問

審問期日を開いて陳述を聴取する場合は，本案事件の期日と同一日時を期日として指定して同時並行で進める方法，本案事件と同一日で時間をずらして期日指定する方法，本案事件とは独立に期日指定をして手続を進める方法等が考えられる。

(ウ)　担保

民事保全法の規定が準用される（家事法115条，民事保全法4条）。

エ　審判

(ア)　取得額

a　保全事件であるという性質上，少なくとも申立人の具体的相続分を法定相続分よりも増加させる方向での申立人の主張（相手方が特別受益者である旨の主張又は申立人の寄与分の主張）は取り上げる必要はないと思われる。

他方，申立人に，仮分割の仮処分において本案で取得するよりも多額の遺産を仮に取得させてしまうと，申立人において当該仮に取得した遺産を生活費等として費消することが予定されており，これを後の本案において申立人に代償金を支払わせるなどして調整しようにもその支払能力がない事態に陥るなど，調整が困難となる場合があることが予想される。したがって，申立人の具体的相続分を減少させる趣旨の相手方の主張（申立人が特別受益者である旨の主張等）を取り上げる必要性は否定できない。しかしながら，この点を詳細に審理すると，それ自体迅速性を害する上，遺産の評価等の問題も生じるところであるので，原則として法定相続分による仮分割をせざるを得ないことになると思われる。

例外的な場合としては，遺言により申立人が相応の遺贈等を受けており，超過特別受益の疑いがあるような場合が考えられる。遺言による特別受益については立証が比較的容易であるから，このような場合には，上記の仮分割の仮処分において本案で取得するよりも多額の遺産を仮に取得させてしまった場合の問題点を回避するために，この点を審理することもあり得る。なお，この場合，遺言により取得した遺産が預貯金，上場株式等の換価が容易な財産である場合には，これを換価処分すれば足り，そもそも権利行使の必要性が否定される場合もあるだろう。

以上のとおり，保全事件であるという性質上，実際に申立人が取得する額は，法定相続分を上限としつつ，遺産総額との兼ね合いも考慮して決定すべきである。

b　共同相続人の生活費や施設入所費等の支払が問題となっている場合の取得額については，本案について見込まれる審理期間等を考慮すると，月々の生活に必要な

金額の数か月分から1年分が相当と考えられる。

　　c　仮に取得させる預貯金債権の限定の方法は複数考えられるところであるが，例えば，単一の預貯金口座における直近残高のうち申立人の相続分（原則として法定相続分）相当額が，権利行使の必要性を解消するに足りる額以上となる場合に，当該預貯金口座のうち権利行使の必要性を解消するに足りる額を申立人に仮に取得させる方法や，申立て時に判明している遺産である全預貯金の直近残高総額における申立人の法定相続分相当額を超えない範囲で，単一の預貯金口座（の一部）を申立人に仮に取得させる方法が考えられよう。

　　(イ)　主　文

　預貯金債権の仮分割の仮処分の主文は，例えば，以下のようなものが考えられる。申立人の取得額を確定額で明示することになろう。

主　文

1　被相続人X（令和○年○月○日死亡）の遺産である別紙債権目録記載1の預金債権を，同目録記載2の申立人の取得額のとおり申立人に仮に取得させる。
2　申立人は，別紙債権目録記載1の金融機関から前項の取得額の払戻しを受けることができる。
3　手続費用は，○○の負担とする。

（別紙）

債権目録

1　預金債権
　　○○銀行○○支店　普通預金　口座番号○○○○○○○
　　（名義人　被相続人X）
2　申立人の取得額
　　前記1の預金債権のうち○○万円

【補足】　仮分割の対象が定期預金の場合，これを仮に取得するために全部又は一部の解約がされ，払戻しをした時までの利息が生じることが想定される。同利息を含めて仮分割の仮処分が認められるような場合であれば，明細単位を明らかにした上で，上記「申立人の取得額」を「前記1の預金債権のうち元本○○円及び同元本金額に対する払戻時までの経過利息」と記載することも考えられよう。

　　(ウ)　告　知

　保全処分は，その緊急性及び暫定性に鑑み，確定しなくとも審判を受ける者に告知することによって効力を生ずる（家事法109条2項，74条2項本文）。審判書正本の送達によって告知している。

　オ　不服申立て

　　(ア)　即時抗告権者

　申立て却下の審判の即時抗告権者は，保全処分の申立人である（家事法110条1項本文）。

　保全処分を認容する審判の即時抗告権者

は，本案の審判申立てを認容する審判に対して即時抗告をすることができる者である（家事法110条2項）。

　　(イ)　申立手数料（収入印紙）

1500円（民訴費3条1項別表第1の18項(1)）。

　　(ウ)　即時抗告に伴う執行停止，執行処分取消し

即時抗告があっても，当然には執行停止の効力はない。申立てにより，原審判の取消しの原因となることが明らかな事情及び原審判の執行により償うことができない損害を生ずるおそれがあることについて疎明があったときは，抗告裁判所（保全処分の記録が存する間は家庭裁判所も）は，原審判の執行停止又は既にした執行処分の取消しを命ずることができる（家事法111条1項）。

申立手数料（収入印紙）は500円である（民訴費3条1項別表第1の17項イ(ハ)）。

　　カ　申立ての取下げ

審判前の保全処分の申立ては，審判前の保全処分があった後であっても，その全部又は一部を取り下げることができる（家事法106条4項）。

　　キ　書式の作成について

以上述べたところを踏まえて，家事第5部では，家事事件手続法200条3項の規定に基づく預貯金債権の仮分割の仮処分の申立書に関する書式を作成した。【資料6】は同書式の記載例である。通常提出すべき資料等を一覧にした添付書類一覧表もあるため，提出すべき資料に漏れがないかの確認に利用されたい。

　(4)　仮分割の仮処分の類型の個別的検討

　　ア　仮分割の仮処分の類型

　　(ア)　類型1（扶養を受けていた共同相続人等の生活費や施設入所費等の支払を目的

とする場合）

　　(イ)　類型2（医療費等の被相続人の債務の支払を目的とする場合）

　　(ウ)　類型3（葬儀費用や相続税等といった相続に伴う費用の支払を目的とする場合）

　　イ　添付書類

　　(ア)　類型1（生活費や施設入所費等の支払）

・申立人及びその同居家族の収入資料（源泉徴収票，給与明細，確定申告書等）

・申立人及びその同居家族の支出資料（家計収支表等）

・民法909条の2の規定に基づく預貯金債権の単独行使に関する資料

・報告書，陳述書

　　(イ)　類型2（被相続人の債務の支払）

・申立人及びその同居家族の収入資料（源泉徴収票，給与明細，確定申告書等）

・申立人及びその同居家族の支出資料（家計収支表等）

・被相続人の債務に関する資料

・民法909条の2の規定に基づく預貯金債権の単独行使に関する資料

・報告書，陳述書等

　　(ウ)　類型3（相続に伴う費用の支払）

・申立人及びその同居家族の収入資料（源泉徴収票，給与明細，確定申告書等）

・申立人及びその同居家族の支出資料（家計収支表等）

・相続に伴う費用に関する資料

・民法909条の2の規定に基づく預貯金債権の単独行使に関する資料

・報告書，陳述書等

ウ 実体的要件

仮分割の仮処分の実体的要件としての「権利行使の必要性」として主張されることが想定される例としては，①扶養を受けていた共同相続人等の生活費や施設入所費等の支払のために必要である（類型1），②医療費等の被相続人の債務の支払のために必要である（類型2），③葬儀費用や相続税等といった相続に伴う費用の支払のために必要である（類型3），といったものが挙げられる。その必要性の有無，程度等の事情は個々の事案によって異なるが，上記①から③までのような権利行使の必要性を理由に申立てがされた場合，通常は以下のような視点で検討することになると思われる。

(ア) 類型1（生活費や施設入所費等の支払）

被相続人と生計を一つにする未成熟子や独立した収入を持たない配偶者等で，被相続人に扶養されていた場合，その生活費は，被相続人の生前はその財産から支出されていたものであるから，前記預貯金の払戻し制度の利用状況等を踏まえつつ，権利行使の必要性が高いとして，積極方向で検討することになろう。被相続人に扶養されていた相続人の介護施設入所費等を支払う必要がある場合についても，原則として生活費の場合に準じて扱うことができると解される。

被相続人と独立して生計を営んでいた相続人がその生活費に充てる必要がある場合には，その生活費が本来遺産から支出されるべきものとは言い難い面もあるが，申立人の資産や収入，前記預貯金の払戻し制度の利用状況等によっては，権利行使の必要

性が高いとして，積極方向で検討することもあるだろう。

(イ) 類型2（被相続人の債務の支払）

申立人が，相続債務を自己が分割承継した部分のみを支払うことを希望する場合と，他の相続人が承継した部分も含めて支払うことを希望する場合がある。

前者の場合については，結局申立人が自らの生活費等に費消する場合とその本質において違いはないため，申立人の資産や収入，分割承継した相続債務の額の大きさ，前記預貯金の払戻し制度の利用状況等を踏まえ，権利行使の必要性が高いとして，積極方向で検討することもあると考えられる。

後者の場合については，他の共同相続人が分割承継した部分で，弁済をすることに法律上の利害関係を有するものは，前者の場合と同様に積極方向で検討する余地もないではない。

もっとも，相続債務については，本案である遺産分割手続においては調停の中で共同相続人全員の合意がある場合にのみ扱える財産であるところ，相続債務全体の支払を理由に仮分割の仮処分を安易に認めてしまうと，本案において調整不可能な事項について遺産を一部処理することとなる。仮分割の仮処分の申立人としては，本案において，仮処分により払戻しを受けた預貯金を相続債務の支払に充てたとして考慮するよう求めても，他の共同相続人の合意がなければ，何らの調整もできない結果となるから，原則として相当でないと解される（仮分割の仮処分の申立人が本案での調整ができず，民事訴訟を提起しなければならない結果となるリスクを負って相続債務全体の支払のために仮分割の仮処分を求める場合には，

前記預貯金の払戻し制度の利用状況等も踏まえ，積極方向で検討することもあろう。）。

なお，共同相続人全員の間で相続債務の存在及びその額に争いがなく，既に弁済期が到来しているものであれば，前記預貯金の払戻し制度の利用状況等を踏まえ，権利行使の必要性が高いとして，積極方向で検討することもあるだろうが，そのような事案については，共同相続人全員の間で支払に合意できる場合が多いであろうから，一部分割調停を活用すべきと思われる（相続債務全額の弁済のために，申立人の法定相続分を超えての仮分割も場合によっては許容され得るとの指摘もされているが（追加試案補足説明15，16頁），相続債務の支払合意を前提に一部分割調停が成立するような事案に限られるだろう。）。

　(ウ)　類型3（相続に伴う費用の支払）

　葬儀費用や相続税の支払は，共同相続人全員の合意がある場合において遺産分割調停限りで扱える問題であり，本来遺産から支出されるべきものとは言い難い面もあるから，前記(イ)の相続債務全体の支払が理由とされる場合と同様に，これらの支払を理由に仮分割の仮処分を安易に認めてしまうと，本案である遺産分割手続において調整不可能な事項について遺産を一部処理してしまう結果となり，原則として相当でないと解される。被相続人が自己の葬儀の準備・手配を行っており，葬儀費用等が相続債務といえるような場合においては，前記預貯金の払戻し制度の利用状況等を踏まえ，権利行使の必要性が高いとして，積極方向で検討することになると思われる。

　(5)　一部分割調停の活用

　前述したとおり，遺産分割については原則として調停を先行させており，遺産分割の審判申立てとともに仮分割の仮処分の審判申立てがあっても本案を調停に付して進行させているのが実情である。仮分割の仮処分については行使の必要性等が実体的要件となり，疎明資料も必要となることから，調停において仮分割の仮処分の必要性等を審査し，預貯金に限った一部分割調停を成立させることも可能であると思われる。申立人の仮の取得額が本案の取得額と異なる場合にその調整の問題が完全には回避できないため，これを可能な限り回避する上でも，本案において預貯金に限った一部分割調停を成立させるのが望ましい。預貯金に限っての一部分割の場合は，一部分割により取得した遺産の価額を容易に算定することができるから，残余財産の分割と別個独立に分割する旨の条項ではなく，一部分割によって取得した遺産の価額を考慮して残余財産の分割を行う旨の条項を設けることも考えられる。

【資料6】　審判前の保全処分申立書記載例（仮分割）

記載例

受付印	審判前の保全処分申立書(仮分割)
	（この欄に被相続人1名につき収入印紙1,000円分を貼ってください。）
収　入　印　紙　　　1,000　　円 予納郵便切手　　　　　　　　円	＜貼った印紙に押印しないでください。＞

東 京 家 庭 裁 判 所　御中 令和　●●　年　●●　月　●●　日	申　立　人 （法定代理人など） の 記 名 押 印	家 裁　花 子　　　　　㊞

本案調停・審判事件	令和　●●　年(家イ)第　●●●●●　号	準口頭
当　事　者	別紙当事者等目録のとおり	
債　権　目　録	別紙債権目録のとおり	
遺　産　目　録	別紙遺産目録のとおり	

求 め る 保 全 処 分

1　被相続人家裁太郎（令和○○年○○月○○日死亡）の遺産である別紙
債権目録記載の預金債権を,同目録記載の申立人の取得額のとおり申立人に
仮に取得させる。
2　申立人は,別紙債権目録記載の金融機関から前項の取得額の払戻しを
受けることができる。

保 全 処 分 を 求 め る 事 由

1　申立人は,被相続人と同居生活をしていた妻です。
2　別紙債権目録記載の預金口座は,被相続人の生前中は,被相続人の給与
（年金）の振り込みがなされ,夫婦共同生活費用の引落としや支出のために使
用していたものです。
3　申立人は,被相続人の収入によって生計を立てており,自己名義の口座はな
く,遺産分割が終了するまでに生活費用に充てる預貯金を有していません。被
相続人の死後,遺産分割前の預貯金の払戻し制度を利用し,既に被相続人名
義の口座から25万円を払い戻しておりますが,生活費用には不足しています。
4　しかし,相手方甲野春子とは,長年音信不通であり,この度,預金の払戻しに
ついて同意を求めましたが,何ら回答を得ることができませんでした。
5　このような事情から,本案遺産分割が終了するまでの間の生活費用として「
求める保全処分」のとおりの審判を希望します。

（注）太枠の中だけ記入してください。　　　□の部分は該当するものにチェックしてください。

審判前の保全処分（　／　）

記載例
（仮分割）

当　事　者　等　目　録

> 相手方に知らせてよい住所を記載し，併せて「連絡先等の届出書」を提出してください。連絡先を相手方に秘匿したい場合には，同届出書に「非開示の希望に関する申出書」を付けて提出してください。

		本　籍（国籍）	○○ 都道府県 ○○市 ○○町 ○○番地	
☑申立人	□相手方	住所	〒 ○○○ － ○○○○ 東京都 千代田区 霞が関 1丁目 1番 2号 （　　　方）	
		フリガナ 氏名	カサイ　　　　ハナコ 家裁　　　花子	大正昭和平成令和
		被相続人との続柄	妻	
□申立人	☑相手方	本　籍（国籍）	○○ 都道府県 ○○市 ○○町 ○○番地	
		住所	〒 ○○○ － ○○○○ 東京都 中央区 九段下 4丁目 1番 7号 （　　　方）	
		フリガナ 氏名	コウノ　　　　ハルコ 甲野　　　春子	大正昭和平成令和　○○ 年 ○ 月 ○ 日生
		被相続人との続柄	姉	
□申立人	☑相手方	本　籍（国籍）	○○ 都道府県 ○○市 ○○町 ○○番地	
		住所	〒 ○○○ － ○○○○ 東京都 台東区 祝田橋 9丁目 3番 1号 （　　　方）	
		フリガナ 氏名	コウノ　　　　イチロウ 甲野　　　一郎	大正昭和平成令和　○○ 年 ○ 月 ○ 日生
		被相続人との続柄	弟	
被相続人		本　籍（国籍）	○○ 都道府県 ○○市 ○○町 ○○番地	
		住所	〒 ○○○ － ○○○○ 東京都 千代田区 霞が関 1丁目 1番 2号 （　　　方）	
		フリガナ 氏名	カサイ　　　　タロウ 家裁　　　太郎	大正昭和平成令和　○○年 ○○月 ○○日死亡
		被相続人との続柄		
□申立人	□相手方	本　籍（国籍）	都道府県	
		住所	〒 － （　　　方）	
		フリガナ 氏名		大正昭和平成令和　 年 月 日生
		被相続人との続柄		

記載例（仮分割）

債　権　目　録

1　預金債権

　　　▲▲銀行■■支店

　　　普通預金

　　　口座番号　012345

　　　残高●，●●●，●●●円

　　　（令和〇〇年〇〇月〇〇日現在）

2　申立人の取得額

　　　上記1の預金債権のうち

　　　　　金●●万円

以　上

記載例

遺 産 目 録

【土地】

番号	所　　在	地　　番		地目	地　　積		備考
			番		平方メートル		
1	足立区●●1丁目	2	3	宅地	65	0	建物1の敷地
2	八王子市●●7丁目	8	9	宅地	160	12	更地

記載例

遺 産 目 録

【建物】

番号	所　在	家屋番号	種類	構造	床　面　積		備考
					平方メートル		
1	足立区●●1丁目2番地3	2番地3	居宅	木造2階建瓦葺	1階　35 2階　28	00 42	敷地は土地1

記載例

遺　産　目　録

【現金，預・貯金，株式等】

番号	品　目	単位	数量（金額）	備考
1	▲▲銀行■■支店　普通預金 （口座番号　012345）		●，●●●，●●●円 （令和〇〇年〇〇月〇〇日現在）	申立人 保管
2	〇〇銀行□□支店　普通預金 （口座番号　6789）		1，000，000円 （令和〇〇年〇〇月〇〇日現在）	申立人保管 相続開始後， 本件申立て前 に預貯金債権 の単独行使に より申立人が 25万円取得
3	ゆうちょ銀行　通常貯金 （記号番号　0123−246810）		1，543，321円 （令和〇〇年〇〇月〇〇日現在）	相手方 甲野一郎 保管
4	ゆうちょ銀行　定額貯金 （記号番号　0123−24681−1）		1，987，654円 （令和〇〇年〇〇月〇〇日現在）	相手方 甲野一郎 保管

添付書類一覧表

□遺産関係書類※1

    □　預貯金通帳又は残高証明書　　　　　　　通

    □　不動産登記事項証明書　　　　　　　　　通

    □　固定資産評価証明書　　　　　　　　　　通

□戸籍関係書類※1　　　　　　　　　　　　　　　通

□住所関係書類※1　　　　　　　　　　　　　　　通

    ※1　本案で提出した書類の写しで差し支えありません。

□申立人の収入資料※2　　　　　　　　　　　　　通

□同居家族の収入資料※2　　　　　　　　　　　　通

    ※2　源泉徴収票，給与明細，確定申告書，課税証明書等

□申立人の支出資料※3　　　　　　　　　　　　　通

□同居家族の支出資料※3　　　　　　　　　　　　通

    ※3　家計収支表，預貯金通帳等

□事前の預貯金債権の単独行使の内容が分かる金融機関発行の証明書等　　　　　　　　　　　　　　通

□報告書，陳述書等※4

    ※4　保全の必要性を疎明するため，報告書，陳述書等を提出してください。内容については，次に掲げる事項を参考にしてください。
なお，記載内容を客観的に裏付ける書類の追加提出をお願いすることがあります。
① 申立人及び同居者の，現在の収入，支出等の財産状況や生活状況
② 被相続人の遺産から支出せざるを得ない具体的事情
③ 遺産からの払戻しについて，共同相続人間の協議の状況
④ 施設入所費，公租公課等の支払に充てる場合は，当該費用に関する情報
⑤ その他保全の必要性を裏付ける具体的事情

第3

配偶者居住権に関する運用

（配偶者居住権）

民法第1028条　被相続人の配偶者は，被相続人の財産に属した建物に相続開始の時に居住していた場合において，次の各号のいずれかに該当するときは，その居住していた建物（居住建物）の全部について無償で使用及び収益をする権利（配偶者居住権）を取得する。ただし，被相続人が相続開始の時に居住建物を配偶者以外の者と共有していた場合にあっては，この限りでない。

一　遺産の分割によって配偶者居住権を取得するものとされたとき。

二　配偶者居住権が遺贈の目的とされたとき。

2，3　（略）

1　改正の趣旨等

(1)　改正の趣旨

高齢化社会の進展と平均寿命の伸長により，相続開始時点での配偶者相続人の年齢が従前に比べて相対的に高くなっているところ，このような高齢の配偶者にとって，住み慣れた居住環境での生活を継続するために居住権を確保しつつ，その後の生活資金としてそれ以外の財産についても一定程度確保したいという希望を有する場合も多い。

実務においては，配偶者が従前居住していた建物に住み続けたいという意向を示した場合には，配偶者がその建物の所有権を取得するか，又は，その建物の所有権を取得した他の相続人との間で，賃貸借契約を締結する等の調整を行っている。

しかし，建物の評価額が高額となり，その場合には配偶者がそれ以外の財産を十分に取得することができなくなるおそれもあるし，他方，居住建物の所有権を取得した者が賃貸借契約の締結に応ずることが前提となるために契約が成立しなければ，配偶者の居住権は確保されないことになる。

そこで，配偶者に居住建物の使用収益権限のみを認め，処分権限のない権利を創設することによって，遺産分割の際に，配偶者が居住建物の所有権を取得する場合よりも低廉な価額で居住権を確保することができるようにすることを目的として新たに創設されたのが配偶者居住権である。

(2)　制度の概要

配偶者居住権の制度は，配偶者に，主として居住建物の排他的な無償使用権限を認めるもので，相続開始後も居住建物に住み続けたいという配偶者の希望に沿った遺産

分割や遺贈等（死因贈与を含む。以下同じ。）の選択肢を増やすものである。すなわち，これまで配偶者が居住建物での居住継続を実現するには，遺産分割や遺贈等により居住建物の所有権を取得するか，居住建物の所有権を取得した者との間で使用貸借契約，賃貸借契約等を締結するしかなかったが，配偶者は，配偶者居住権という新たな居住建物の無償使用権限を取得することで，居住建物に住み続けることができるようになる。しかも，その取得額は居住建物の所有権を取得するよりも低廉なため，遺産分割や遺贈等により配偶者居住権を取得しても更にそれ以外の遺産である金融資産等を取得しやすくなるほか，婚姻期間20年以上を経過した後になされた遺贈等による場合は，当該遺贈につき持戻し免除の意思表示があったものと推定され，遺産分割における配偶者の具体的相続分から配偶者居住権の取得額を控除する必要がない。

また，改正前民法の下では，被相続人が配偶者の居住権を保護しつつ，配偶者の死亡後には確実に自分の子がその建物を相続できるようにしたいと思っても，遺言によってこれを実現することは困難であったが，本制度により，遺贈等で配偶者には居住建物の配偶者居住権を，子には居住建物の所有権をそれぞれ取得させることができるようになる（『一問一答』9，10頁，『概説』10，11頁）。

なお，配偶者居住権に関する規定は，令和2年4月1日から施行される。同日前に開始した相続については，なお従前の例によることとされ，同日前にされた遺贈について改正相続法の適用はないとされている（附則10条）。

2　内　容

(1)　配偶者居住権の成立要件

改正相続法では，配偶者居住権について民法1028条1項に定めを置いた。

同条1項によれば，配偶者居住権の成立要件は，①配偶者が，相続開始の時に，遺産である建物（建物持分を含む。以下同じ。）に居住していたこと，②当該建物が，被相続人の単独所有あるいは配偶者と二人の共有にかかるものであること，③当該建物について，配偶者に配偶者居住権を取得させる旨の遺産分割，遺贈又は死因贈与がされたことである。

ア　配偶者が，相続開始の時に，遺産である建物に居住していたこと

ここにいう「配偶者」は，法律上被相続人と婚姻していた者に限られ，内縁の配偶者は含まれない。また，配偶者が「居住していた」とは，配偶者が当該建物を生活の本拠としていたことを意味する（堂薗幹一郎ほか「改正相続法の要点(1)」金法2099号8頁，堂薗幹一郎ほか「相続法改正の解説(1)」民事月報Vol.73（平成30年8月）9頁，『一問一答』11，12頁，『概説』11，12頁など）。したがって，配偶者が相続開始前に形式的には退去していたとしても，家財道具等を当該建物内に置いたまま，病気や体調不良等を理由に一時的な入院，施設入所又は親戚宅での同居をしていたにすぎないような場合には，実質的には当該建物に「居住していた」ものと認めるのが相当である。

イ　当該建物が，被相続人の単独所有あるいは配偶者と二人の共有にかかるものであること

当該建物が，被相続人と配偶者以外の第

三者を含む共有にかかるものである場合には，当該建物につき配偶者居住権を取得させることはできない。当該建物につき，生前の被相続人ですら共有持分に応じた利用権しか有していなかったにもかかわらず，その死亡により，配偶者相続人が排他的な無償使用収益権である配偶者居住権を取得することになると，他の共有持分権者の利益が不当に害されるおそれがあるからである。

ウ　当該建物について，配偶者に配偶者居住権を取得させる旨の遺産分割，遺贈（又は死因贈与）がされたこと

配偶者居住権の取得原因となる法律行為は，法定された遺産分割と遺贈の他に死因贈与の3つが挙げられる。

(ア)　遺産分割

ここにいう「遺産分割」には協議や調停によるものだけでなく，審判によるものも含まれるが，審判によって配偶者に配偶者居住権を取得させるためには，①共同相続人間で，配偶者が配偶者居住権を取得することについて合意が成立しているとき，あるいは，②配偶者が家庭裁判所に対して配偶者居住権の取得を希望する旨を申し出た場合において，居住建物の所有者の受ける不利益の程度を考慮してもなお配偶者の生活を維持するために特に必要があると認めるとき，という要件が必要となる（民1029条）。

(イ)　遺　贈

被相続人は，遺言によって配偶者に配偶者居住権を取得させることができるが，「遺贈」によることが必要とされている（民1028条1項本文）。

(ウ)　死因贈与

条文上明記されていないが，被相続人は，配偶者との間で締結した死因贈与契約によっても配偶者居住権を取得させることができる（民554条参照）。

(2)　配偶者居住権の効力

賃借権類似の法定の債権であり，債権者は配偶者であり，債務者は，居住建物の所有者（共有である場合には共有者全員）である（『一問一答』18頁，『概説』14，15頁）。

ア　存続期間

配偶者居住権の存続期間は，原則として配偶者の終身の間とされているが，遺産分割の協議や調停若しくは遺言において終身ではない存続期間を定めることも可能であり，また，家庭裁判所が遺産分割の審判において存続期間を定めることも可能である（民1030条）。ただし，配偶者居住権の存続期間を定めた場合には，その延長や更新をすることはできない。延長や更新を認めると，配偶者居住権の財産評価を適切に行うことが困難になるからである（『一問一答』30頁，『概説』15頁）。

イ　配偶者と居住建物の所有者との間の法律関係

(ア)　使用収益等

配偶者（配偶者居住権を取得した配偶者に限る。以下同じ。）は，配偶者居住権に基づき，無償で居住建物全部の使用及び収益をすることができる。居住建物の収益とは，居住建物を賃貸して利益を上げることなどをいう。ただし，配偶者は，居住建物の所有者の承諾を得なければ，居住建物の改築若しくは増築をし，又は第三者に居住建物の使用若しくは収益をさせることはできない（民1032条3項）。

配偶者は，従前の用法に従い，善良な管理者の注意をもって，居住建物の使用及び収益をしなければならない（同条1項本文）。

　　(イ)　譲渡禁止

配偶者居住権は，譲渡することができない（民1032条2項）。配偶者居住権は，配偶者が相続開始後も従前の居住環境での生活を継続することを可能とするために創設されたものであるところ，配偶者が第三者に対して配偶者居住権を譲渡することを認めることは，その制度趣旨と整合しないからである（『一問一答』23頁，『概説』16頁）。

　　(ウ)　修繕等

配偶者は，居住建物の使用及び収益に必要な修繕をすることができるが（民1033条1項），居住建物の修繕が必要な場合において，配偶者が相当の期間内に必要な修繕をしないときは，居住建物の所有者は，その修繕をすることができる（同条2項）。また，居住建物が修繕を要するとき（同条1項の規定により配偶者が自らその修繕をするときを除く。），又は居住建物について権利を主張する者があるときは，配偶者は，それを知らない居住建物の所有者に対し，遅滞なくその旨を通知しなければならない（同条3項）。

　　(エ)　費用負担

配偶者は，居住建物の通常の必要費を負担する（民1034条1項）。ここにいう「通常の必要費」は，使用貸借における「通常の必要費」（民595条1項）と同一の概念であり，これには，居住建物の保存に必要な修繕費のほか，居住建物やその敷地の固定資産税等が含まれるものと考えられる。したがって，居住建物の所有者が納税義務者として土地建物の固定資産税を納付した場合

には，配偶者に対して求償できることになる。

配偶者が居住建物について「通常の必要費以外の費用」すなわち特別の必要費や有益費を支出したときは，居住建物の所有者は，配偶者居住権が消滅した時に，その価格の増加が現存する場合に限り，その選択に従い，その支出した金額又は増価額を償還しなければならない（民1034条2項・583条2項・196条2項）。

　　(オ)　登記

居住建物の所有者は，配偶者に対し，配偶者居住権の設定の登記を備えさせる義務を負っているが（民1031条1項），配偶者居住権の設定の登記は，配偶者と居住建物の所有者とが共同して申請しなければならない（不動産登記法60条）。もっとも，配偶者が遺産分割調停又は審判によって配偶者居住権を取得したときは，その審判書や調停調書において，配偶者が単独で配偶者居住権の登記手続をすることができるための条項が設けられるのが通常と思われるから，配偶者は，これらに基づいて，単独で配偶者居住権の設定の登記申請をすることになろう。

配偶者居住権の設定登記の登記事項であるその存続期間は，次のように公示される。

①　別段の定めがない場合

「存続期間　配偶者の死亡時まで」

②　別段の定めがある場合

「存続期間　令和○年○月○日から○年（又は令和○年○月○日から令和○年○月○日まで）又は配偶者の死亡時までのうち，いずれか短い期間」

　ウ　配偶者と第三者との間の法律関係

配偶者居住権の設定の登記を備えた配偶

者は，配偶者居住権を第三者に対抗することができるほか，居住建物の占有を妨害している第三者に対する妨害停止の請求，居住建物を占有している第三者に対する返還請求をすることが可能になる（民1031条2項・605条・605条の4）。なお，配偶者居住権の第三者対抗要件は，登記に限られ，建物の賃借権における居住建物の引渡しは対抗要件になっていない（借地借家法31条参照）。

　　エ　配偶者居住権設定登記の抹消手続
　前記イ(オ)のとおり，配偶者居住権の存続期間に関する別段の定めの有無にかかわらず，配偶者居住権が配偶者の死亡によって消滅する旨が登記されるため，配偶者の死亡によって配偶者居住権が消滅した場合には，登記権利者である居住建物の所有者は，不動産登記法69条に基づき，単独で配偶者居住権設定登記の抹消を申請することができる。

　他方，配偶者が配偶者居住権を放棄した場合など配偶者の死亡以外の原因によって配偶者居住権が消滅した場合には，居住建物の所有者及び配偶者は，不動産登記法60条に基づき，共同で配偶者居住権の設定の登記の抹消を申請しなければならない。

　(3)　配偶者居住権の消滅
　　ア　消滅原因
　配偶者居住権は，次の場合において消滅する。
　①　配偶者が死亡した場合（民1036条・597条3項）
　②　存続期間が満了した場合（民1036条・597条1項）
　③　居住建物が全部滅失等した場合（民1036条・616条の2）

　④　居住建物の所有者による消滅請求がなされた場合（民1032条4項）
　⑤　居住建物が配偶者の単独所有となった場合（混同による消滅。民1028条2項参照）
　⑥　配偶者が配偶者居住権を放棄した場合（債権放棄による消滅）

　　イ　居住建物の所有者による消滅請求
　配偶者が善管注意義務（民1032条1項）に違反した場合，あるいは配偶者が居住建物の所有者に無断で，第三者に使用収益をさせ又は居住建物を増改築した場合（同条3項参照）において，居住建物の所有者が相当の期間を定めてその是正の催告をし，その期間内に是正がされないときは，居住建物の所有者は，配偶者に対する意思表示によって配偶者居住権を消滅させることができる（同条4項）。

　　ウ　配偶者居住権が消滅した後における配偶者と居住建物の所有者との間の法律関係
　配偶者居住権が消滅した場合，配偶者は，居住建物の所有者に対して居住建物を返還しなければならない（民1035条1項本文）。ただし，配偶者が居住建物について共有持分を有する場合は，居住建物の所有者は，配偶者居住権が消滅したことを理由としては，居住建物の返還を求めることができない（同条1項ただし書）。

　居住建物の返還をするとき，配偶者が相続開始後に居住建物に附属させた物がある場合には，配偶者は，これを収去する権利を有し，義務を負う（民1035条2項・599条1項2項）。また，相続開始後に居住建物に生じた損傷がある場合はこれを原状回復させる義務を負う（民1035条2項・621条）。

さらに，前記イにおける民法1032条１項及び３項に違反する使用収益（善管注意義務違反，第三者に対する無断使用，増改築）によって生じた損害の賠償と，配偶者が支出した費用の償還は，居住建物返還の時から１年以内に請求しなければならない（民1036条・600条）。

なお，配偶者の死亡により配偶者居住権が消滅したときには，配偶者居住権の消滅によって生じる上記義務を，配偶者の相続人が相続によって承継することになる。

3　配偶者居住権の財産評価

(1)　評価の重要性

配偶者が遺産分割において，配偶者居住権を取得する場合には，自らの具体的相続分においてこれを取得することになるため，その財産的価値を評価することが必要となる。

また，配偶者が遺贈や死因贈与によって配偶者居住権を取得した場合にも，他に分割対象の遺産がある場合には，分割対象の特別受益（民903条）との関係で配偶者の具体的相続分に影響を与えることになる。

そして，他に分割対象の遺産がない場合にも，遺留分侵害の有無を算定する際において財産評価を行う必要がある。

このように，配偶者が配偶者居住権を取得する場合にはその財産評価を確定させることが不可欠となる。

(2)　配偶者居住権の価額の算定方法

配偶者居住権の価額の算定方法については，法制審議会民法（相続関係）部会において，①居住建物の賃料相当額から配偶者が負担すべき通常の必要費を控除した価額

に存続期間に対応する年金現価率を乗じた価額とする方法（法制審議会民法（相続関係）部会第19回会議参考人（公益社団法人日本不動産鑑定士協会連合会）提出資料「『長期居住権についての具体例』についての意見」）と，②居住建物及びその敷地の価額から配偶者居住権の負担付の各所有権の価額を引いた額とする方法（以下「簡易な評価方法」という。）（同部会資料19- 2 「長期居住権の簡易な評価方法について」）が提案された（『一問一答』27，28頁，『概説』19〜22頁）。

もっとも，前者の評価方法については，同部会においても指摘がされているとおり，専門家でない者において「居住建物の賃料相当額」を算出することや年金現価率を設定することは困難であるから，遺産分割の当事者が評価合意を目指す際に同評価方法を用いるのは現実的でないと思われる。

一方，より簡便な計算方法として提案された後者の簡易な評価方法は，固定資産税評価額を基に算出できる方法であって，不動産鑑定士協会からも一定の合理性があるとの評価を得ているとのことであるから，遺産分割調停・審判においても，鑑定を行う場合は別として，当事者が評価合意を目指す際には同評価方法を用いるのが相当と考える（今後，仮に税務当局において相続税における配偶者居住権の価額の評価方法が定められることになった場合には，これを参考にして評価合意をすることも考えられる。）。

なお，配偶者居住権の評価方法（特に鑑定に際しての評価方法）については，現在，関係機関等において詳細な検討がなされているところであり，以下紹介する評価方法が暫定的なものであることに留意されたい。

(3)　配偶者居住権の簡易な評価方法

　本稿では，簡易な評価方法の概要を紹介した上，これを前提にした本制度導入後に想定される遺産分割手続における運用について，検討していくこととする。簡易な評価方法については，配偶者居住権リーフレット（【資料7】）を併せて参照されたい。

　ア　計算式

　配偶者は，配偶者居住権の存続期間中，対象となる居住建物はもちろんのことその敷地を排他的に使用することになるため，配偶者居住権の評価には，居住建物自体の価額のみならず居住建物の敷地を利用する権利（以下「敷地利用権」という。）の価額も含まれているものと考えられる。

　そのため，簡易な評価方法は，次の計算式のように，配偶者居住権の負担がない居住建物とその敷地である土地又は敷地利用権（以下，併せて「建物敷地」という。）の現在価額から，配偶者居住権の負担が付いた建物所有権（以下「負担付建物所有権」という。）とその土地所有権又は敷地利用権（以下「負担付土地所有権等」といい，負担付建物所有権と併せて「配偶者居住権付所有権」という。）の価額を差し引いて，配偶者居住権の価額を算出するものである。

（計算式）

　配偶者居住権の価額＝建物敷地の現在価額－配偶者居住権付所有権（①＋②）の価額

　　　　　　　　　　　　　　　　　　　　　　　　　　　↑

　　　　　　　　①負担付建物所有権＋②負担付土地所有権等

　イ　建物敷地の現在価額

　建物敷地の現在価額については，従前の運用と変わるところはなく，固定資産税評価額ないし時価に基づいて評価を合意するか，鑑定をして確定させることになる。また，建物の評価については，実務上，建物の固定資産税評価額が利用されていることが多いこと，相続税評価においても家屋の評価はその家屋の固定資産税評価額と同額とされていることから（財産評価基本通達89），固定資産税評価額を基に算出することが想定されている。なお，ここでは遺産分割により取得する際の配偶者居住権の評価を想定しているため建物敷地の「現在」価額としているが，遺贈等により取得した配偶者居住権を持ち戻す際の評価を算出するような場合は，建物敷地の「相続開始時」価額とすることになる（後記4⑷ア参照）。

　┌【財産評価基本通達89（家屋の評価）とは】┐

　家屋の価額は，その家屋の固定資産税評価額（地方税法第381条（固定資産課税台帳の登録事項）の規定により家屋課税台帳若しくは家屋補充課税台帳に登録された基準年度の価格又は比準価格をいう。）に別表一に定める倍率（1.0）を乗じて計算した金額によって評価する。

　└─────────────────────┘

　ウ　配偶者居住権付所有権の価額

　次に，配偶者居住権付所有権に含まれている①負担付建物所有権と②負担付土地所有権等の各価額を算出する方法は，以下のとおりである。

⑺　負担付建物所有権の価額

負担付建物所有権の価額は，配偶者居住権を設定した場合に建物所有者が得ることとなる利益の現在価値であるから，次の計算式のように，建物の法定耐用年数，経過年数，配偶者居住権の存続年数を考慮して配偶者居住権の負担が消滅した時点の建物の価値を算定し，これを法定利率等で現在価値に引き直して求めることになる。

（計算式）
負担付建物所有権の価額[注1]

$$= 固定資産税評価額 \times \frac{法定耐用年数 - (経過年数 + 存続年数^{[注3]})}{(法定耐用年数^{[注2]} - 経過年数)} \times ライプニッツ係数^{[注4]}$$

(注1)　計算結果がマイナスとなる場合には，0円とする。

(注2)　法定耐用年数は減価償却資産の耐用年数等に関する省令（昭和40年3月31日大蔵省令第15号）において構造・用途ごとに規定されており，木造の住宅用建物は22年，鉄筋コンクリート造の住宅用建物は47年と定められている。

(注3)　配偶者居住権の存続期間が終身である場合には，簡易生命表記載の平均余命の値を使用するものとする。

(注4)　ライプニッツ係数は以下のとおりとなる（小数第四位以下四捨五入）。平成29年法律第44号による改正後の民法404条（令和2年4月1日施行）によれば，法定利率は3％であり，その後3年毎に見直される。

5年	0.863
10年	0.744
15年	0.642
20年	0.554
25年	0.478
30年	0.412

⑻　負担付土地所有権等の価額

次の計算式は，敷地所有者ないし利用権者が配偶者居住権の存続期間中は敷地を自由に使用収益することができないことに着目し（配偶者居住権の負担消滅時まで得られた可能性がある収益分を割り引く必要がある。），敷地所有者ないし利用権者が配偶者居住権の存続期間満了後に得ることとなる負担のない敷地所有権ないし利用権の価額を現在価値に引き直すことによって，負担付土地所有権等の価額を算出しようとするものである。

（計算式）
負担付土地所有権等の価額＝敷地の固定資産税評価額ないし時価×ライプニッツ係数

エ　配偶者居住権の価額算出の具体例

以上の計算式を基にした配偶者居住権の価額算出の具体例は，以下のとおりである。

⑺　一戸建て（築10年，木造，固定資産税評価額1000万円）を対象として存続期間15年の配偶者居住権を設定した場合（敷地の固定資産税評価額4000万円）

・建物敷地の現在価額
　1000万円＋4000万円＝5000万円

・負担付建物所有権の価額

0円（法定耐用年数超により計算式の計算結果がマイナスとなるため）

・負担付土地所有権等の価額

4000万円×0.642（存続期間15年のライプニッツ係数）＝2568万円

・配偶者居住権の価額

5000万円－2568万円＝2432万円（建物敷地価額の約48％）

(イ)　一戸建て（築15年，鉄筋コンクリート造，固定資産税評価額1400万円）を対象として終身期間の配偶者居住権を設定した場合（配偶者（女性）の年齢：60歳，敷地の固定資産税評価額6000万円）

※60歳女性の平成29年簡易生命表上の平均余命
→28.97年≒29年

・建物敷地の現在価額

1400万円＋6000万円＝7400万円

・負担付建物所有権の価額

1400万円×〔47－(15＋29)〕÷(47－15)×0.424（存続期間29年のライプニッツ係数）≒1400万円×0.040＝56万円

・負担付土地所有権等の価額

6000万円×0.424＝2544万円

・配偶者居住権の価額

7400万円－56万円－2544万円＝4800万円（建物敷地価額の約65％）

4　遺産分割事件における運用

(1)　申立て段階

遺産として不動産がある場合には，これまでも分割方法等の参考とするため，その共有関係や現在における利用・使用状況を明らかにさせつつ，各当事者から遺産の取得希望ないし分割方法の希望を聴取する運用が行われているところ，改正に伴い，配偶者による配偶者居住権の取得という分割方法の選択肢が増えたことから，上記運用の必要性がより増すものといえよう。

配偶者が当事者となっており，遺産として建物ないし区分所有建物があり，かつ当該建物等が被相続人単独名義又は配偶者と二人の共有名義となっている場合において，配偶者が当該建物等を取得するなどして今後も居住を続けたい意向を示しているときは，当該建物について，配偶者が所有権を取得するか，それとも配偶者居住権を取得する可能性があることを念頭に置いて調停手続を進めることになる。

(2)　前提問題（居住建物に関する遺言がある場合）

配偶者居住権の創設により，前提問題として，配偶者居住権ないし居住建物に関する遺言の扱いとその遺産分割手続への影響が新たに問題となり得る。そもそも遺言の効力に争いがある場合は，従前の運用と同じく原則として訴訟による解決を図る必要があるため，本稿では遺言が有効であることについて当事者間に争いがない事案を前提に検討する。

ア　配偶者に配偶者居住権を取得させるための特定財産承継遺言（いわゆる「相続させる」旨の遺言）があった場合

遺言によって配偶者に配偶者居住権を取得させるためには，「遺贈」によることが必要とされている（民1028条1項本文）。これは，配偶者が配偶者居住権の取得を希望しない場合に，相続放棄をすることなく配偶者居住権の取得のみを拒絶できるようにしたためである。

上記条文の文言によると，被相続人が配

偶者に配偶者居住権を取得させるために，遺贈ではなく特定財産承継遺言（いわゆる「相続させる」旨の遺言）によった場合，その部分は無効と解される可能性がある。しかし，遺言者の合理的意思を探求すると，配偶者が配偶者居住権の取得を希望しているときは，当該遺言部分を直ちに無効とすることなく，遺言全体の内容をみて配偶者居住権の遺贈があったものとして有効と解釈するのが相当な場合もあると思われる。

　　イ　配偶者に配偶者居住権を遺贈し，他の相続人等に同建物及びその土地の所有権を遺贈する又は特定財産承継遺言（いわゆる「相続させる」旨の遺言）があった場合

　　(ア)　当該建物が被相続人の単独所有あるいは配偶者との共有にかかり（民1028条1項本文ただし書），かつ，相続開始時に配偶者が居住していた場合，配偶者は，同遺言に基づき当該建物について配偶者居住権を取得することになる（同項2号）。

　　(イ)　当該建物及びその土地の所有権を遺贈され又は取得した他の相続人等は，遺言に基づいて同建物及びその土地を取得することになる。

　　(ウ)　遺言に基づいて取得することとなった配偶者居住権は配偶者の特別受益となり，配偶者居住権付所有権は遺贈され又は取得した他の相続人の特別受益となる。ただし，婚姻期間が20年以上の夫婦の一方である被相続人が，配偶者に対してなした配偶者居住権の遺贈については，持戻し免除の意思を表示したものと推定されるため（民1028条3項・903条4項），持戻しが免除されることが多いと思われる。

　　配偶者居住権付所有権を特別受益として

持ち戻す場合には，配偶者居住権負担付であることを前提とした評価額を決めることになる。

　　ウ　配偶者に居住建物につき配偶者居住権を遺贈する旨の遺言のみがあり，居住建物の所有権に関する遺言はない場合

　　配偶者が遺言に基づき配偶者居住権を取得しても，対象である当該建物は遺産として当然に分割の対象となる。ただし，その評価は配偶者居住権付所有権の価額となることに注意を要する。

　　エ　他の相続人等に居住建物の所有権を「相続させる」旨の遺言があるが，配偶者居住権に関する遺言はない場合

　　遺言の内容が，負担のない建物を当該相続人等に取得させるもので，配偶者に対して配偶者居住権の遺贈がなされたと解釈する余地がない場合には，当該建物は遺産の範囲から外れることになるから，配偶者に配偶者居住権を取得させる遺産分割をすることはできない。

(3)　遺産の範囲

　　配偶者が配偶者居住権を取得するためには，居住建物が遺産分割の対象となる遺産であることが必要である。

　　したがって，前記(2)エで述べたように，居住建物が第三者に遺贈されている場合はもちろん，配偶者以外の相続人に生前贈与されていたり，遺贈されたりしている場合も，居住建物は遺産ではない以上，配偶者が配偶者居住権を取得することはできない。ただし，生前贈与ないし遺贈を受けた他の相続人を含めた当事者全員が，当該建物を遺産とすることを合意した上で，配偶者が

配偶者居住権を取得し，生前贈与ないし遺贈された他の相続人が負担付建物所有権を取得する内容の遺産分割を行うことは可能である。

(4)　遺産の評価

配偶者が配偶者居住権を取得する場合，配偶者はその財産的価値に相当する価額を取得したものと扱われるため，遅くとも具体的な分割方法を決める段階までに配偶者居住権の評価額を確定しておく必要がある。

ア　評価時点

特別受益や寄与分の主張がない場合は，配偶者居住権について遺産分割時の一時点評価があれば足りる。

特別受益や寄与分の主張がある場合は，配偶者居住権についても相続開始時と遺産分割時の二時点評価が必要になるのが原則であるが，当事者全員が合意すれば遺産分割時の一時点評価で足りる。もっとも，そもそも簡易な評価方法によって配偶者居住権の評価を算出するような場合には，建物敷地の相続開始時における評価額が合意できれば，あえて配偶者居住権を取り出して相続開始時における評価額を決める必要はない。配偶者居住権の評価額は，前記3(3)のとおり，「建物敷地の現在価額－配偶者居住権付所有権の価額」という計算式で算出され，配偶者居住権と配偶者居住権付所有権の各価額を合計した建物敷地の相続開始時における評価額があれば，みなし相続財産を算出することが可能なためである。

遺贈された配偶者居住権を，特別受益として持ち戻す場合は相続開始時の一時点評価をすることになる。

イ　評価合意の方法

(ア)　配偶者が配偶者居住権の取得を希望しており，その存続期間も確定している場合

存続期間を前提にした配偶者居住権の評価額と配偶者居住権付所有権の評価額を合意することになる。

(イ)　配偶者が配偶者居住権の取得を希望するか自体が未定であり，その存続期間も定まらない場合

前記アで述べたように，建物敷地の評価額が合意できていれば，遺産の総額ないしみなし相続財産の総額を算出することが可能である。そして，配偶者居住権の評価額は，簡易な評価方法を前提にすると，終身として余命年数が何年になるのか，あるいは別段の定めとして存続期間を何年と定めるかによって大きく異なってくるため，配偶者としては，遺産ないしみなし相続財産の総額ひいては自己の具体的相続分が明らかになってから，配偶者居住権の取得を希望するのか，所有権自体の取得を希望するのかを検討したり，配偶者居住権の取得を希望するとしても存続期間をどうするのか，すなわち具体的相続分のうちいくらを配偶者居住権取得額に充てるべきかを健康状態などから見込まれる居住可能年数等も考慮しながら検討したりすることが考えられ，まずは建物敷地の評価額を確定させることを先行させたいと考えるケースも少なくないと思われる。

そこで，配偶者が配偶者居住権の取得を希望するか自体が未定であるような場合には，遺産の評価段階においては，従前の運用と変わらず，建物敷地の評価額を合意しておけば足りるとし，具体的な分割方法の

検討に入った段階で配偶者居住権の評価を確定させる方法が調停等の運営の視点からみて合理的ではないかと考えられる。

なお，可能であれば，建物敷地の評価額を合意するとともに，配偶者が配偶者居住権を取得する場合にはその評価を簡易な評価方法により算出することについても合意をしておくのが望ましい。

ウ 評価合意の内容

具体的な評価合意の内容として，以下のようなものが考えられる。

(ア) 配偶者が配偶者居住権を取得することを希望しており，取得する場合における配偶者居住権の評価額につき合意ができた場合

手続の要領等

当事者全員

　別紙遺産目録（以下「目録」という。【添付省略】）記載の遺産について，分割時の評価が次のとおりであることを合意する。なお，1及び2の各評価は簡易な評価方法により算出した。[注1] [注2]

1　目録記載1の土地及び同2の建物（配偶者居住権付所有権）の合計評価額　4000万円

2　目録記載2の建物についての配偶者居住権（存続期間：終身）の評価額　2000万円

> ※期間を定めた場合(1)
> 　2　目録記載2の建物についての配偶者居住権（存続期間：令和○年○月○日【※相続開始日】から○年）の評価額　2000万円

> ※期間を定めた場合(2)
> 　2　目録記載2の建物についての配偶者居住権（存続期間：令和○年○月○日【※相続開始日】から令和○年○月○日まで）の評価額　2000万円

（注1）　なお書きではなく「簡易な評価方法により，分割時の評価が次のとおりであることを合意する」と柱書に記載することも考えられる。

（注2）　「簡易な評価方法」についてはその定義・内容が公知の事実というわけではないため，具体的な計算式を記載した別紙をつけるなどの方法も考えられる（後記(6)ウ参照）。ただし，中間合意調書を作成するに当たっては，合意の内容を調停委員ないし裁判官が確認をしており，その際には当然に「簡易な評価方法」の具体的内容についての説明もなされ当事者間で共通認識が図られているはずであるから，特段の事情がない限り，別紙をつけることなく「簡易な評価方法により」と記載することでも足りると思われる。

（注3）　配偶者居住権の設定日については，民法909条は強行規定ではないため，当事者が希望すれば，配偶者居住権の設定日を遺産分割日とすることも可能であり，例えば，遺産分割時までは配偶者短期居住権に基づき居住し，遺産分割時からは配偶者居住権に切り替えて居住する場合が考えられる。もっとも，無償居住するための権限が配偶者短期居住権なのか配偶者居住権なのかで大きな違いはないと思われ，相続開始日を始点とする方が早い段階で存続期間を確定させることができ，評価額算出に当たっても明確であるという利点があることから，配偶者居住権の設定日を遺産分割日とする特段の事情がない限りは，相続開始日を設定日とすることを前提に遺産分割調停等の手続を進めるのが相当と考える。

　なお，居住建物につき既に共同相続人名義の相続登記がなされている場合には，当該建物の所有権及びその配偶者居住権の取得ないし設定が遺産分割の日と登記されることは，従前と同じである。

遺産分割の効力は相続開始の時に遡ることとされていることから（民909条本文），遺産分割調停が成立する際，配偶者居住権は相続開始の日から設定されることになり，存続期間を終身ではなく別に定める場合には相続開始の日を始期として調停条項上も明示する必要がある（後記(6)ア参照）。

そこで，評価合意の際にも相続開始日を始期とすること，同日からの期間や終期を明らかにしておくことが，後のトラブルを防ぎ，当事者間で認識を共有するために相当と考える。ただし，遺産分割時の評価額を簡易な評価方法により算出する際に用いる存続期間は，当該建物敷地の現在価額を算出した現在時点を始期とする年数になるため，評価合意や調停条項において明示する相続開始日を始期とした年数とは異なることに注意が必要である。例えば，令和2

年4月1日死亡の被相続人にかかる遺産分割調停において，令和3年4月に，存続期間を令和12年3月31日までとする配偶者居住権を取得する前提で評価合意をしようとする場合，中間合意調書には存続期間として，「令和2年4月1日から令和12年3月31日まで」，あるいは「令和2年4月1日から10年」と記載することになるが，簡易な評価方法により配偶者居住権の遺産分割時の評価額を算出する際には，令和3年4月現在から令和12年3月31日までの9年間のライプニッツ係数を用いることになる。

また，配偶者居住権の評価額と配偶者居住権付所有権の評価額の合計が，遺産としての土地及び建物（建物敷地）の合計評価額であることを明らかにするため，簡易な評価方法によって算出したことを併せて確認しておくべきである。

(イ)　配偶者が配偶者居住権の取得を希望するか自体が未定だが，取得する場合における配偶者居住権の評価額につき合意ができた場合

手続の要領等

当事者全員

　別紙遺産目録（以下「目録」という。【添付省略】）記載の遺産の評価が，相続開始時及び遺産分割時ともに，次のとおりであることを合意する。なお，2の場合における各評価は簡易な評価方法により算出した。

1　配偶者居住権の負担のない場合

　目録記載1の土地及び同2の建物の合計評価額　6000万円

2　配偶者居住権の負担付きの場合

　(1)　目録記載1の土地及び同2の建物（配偶者居住権付所有権）の合計評価額　4000万円

　(2)　目録記載2の建物についての配偶者居住権（存続期間：終身）の評価額　2000万円

　　※期間を定めた場合(1)
　　2　目録記載2の建物についての配偶者居住権（存続期間：令和○年○月○日【※相続開始日】から○年）の評価額　2000万円

> ※期間を定めた場合(2)
> 2　目録記載2の建物についての配偶者居住権（存続期間：令和○年○月○日【※相続開始日】から令和○年○月○日まで）の評価額　2000万円

配偶者が配偶者居住権を取得しない可能性があり，かつ配偶者又は他の当事者が配偶者居住権の負担のない土地及び建物を取得する可能性がある場合には，これに備えて，1項のように配偶者居住権の負担のない土地及び建物の評価を合意しておくのが相当である。

また，前記(ｱ)と同様，2項の配偶者居住権負担付きの場合における配偶者居住権の評価額と配偶者居住権付所有権の評価額の合計が，遺産としての土地及び建物（建物敷地）の合計評価額であることを明らかにするため，その各評価を簡易な評価方法により算出したことを併せて確認しておくべきである。

(ｳ)　配偶者が配偶者居住権の取得を希望するか自体が未定だが，取得する場合における配偶者居住権の評価を簡易な評価方法により算出することの合意ができた場合

手続の要領等

当事者全員
　別紙遺産目録（以下「目録」という。【添付省略】）記載の遺産の分割時における評価につき，次のとおり合意する。
1(1)　目録記載1の土地の評価額につき，5000万円
　(2)　目録記載2の建物の評価額につき，500万円
2　目録記載2の建物についての配偶者居住権の評価額につき，簡易な評価方法に基づいて算出すること

遺産の評価段階においては，配偶者居住権の具体的評価額については触れずに，遺産としての土地及び建物（建物敷地）の評価額を合意するとともに，仮に配偶者が配偶者居住権を取得する場合にはその評価を簡易な評価方法により算出することについて合意をしておくことが考えられる。簡易な評価方法によることの合意をする場合には，後の算定を可能にするべく，土地建物（建物敷地）全体の評価額で合意するのではなく，土地と建物それぞれの評価額を合意する必要があることに注意が必要である。

エ　鑑定の方法

配偶者が配偶者居住権を取得することを希望しているが，配偶者居住権について評価合意できない場合には，配偶者居住権の評価を鑑定で確定させることになる。

配偶者居住権の価額のみについて鑑定することもできるが，そもそも建物敷地の現在価額について評価合意できていない場合には，建物敷地の評価額と配偶者居住権の評価額を併せて鑑定することになる。また，

建物敷地の評価額のみ鑑定を行って，配偶者居住権の評価額については鑑定の結果明らかになった建物敷地の価額を基に前記3(3)による簡易な評価方法に基づいて算出することを合意しておく方法も考えられる。

　　オ　鑑定を行う場合における留意点

　配偶者居住権の価額について鑑定を行う場合における留意点として，以下のものが挙げられるが，その内容は，関係機関等における鑑定による評価方法に関する検討結果を待って確定させるべきものであるから，現時点における暫定的なものであることに留意されたい。

　　(ア)　配偶者居住権の存続期間について

　配偶者居住権の評価額が存続期間を基に算出されるのであれば，鑑定を行う際に，事前に存続期間を合意しておく必要があると思われる。終身とする場合であっても，想定される余命として確定的な年数を合意しておくのが望ましく，できない場合は単に終身として配偶者の生年月日が分かる資料を鑑定人に提供することになろう。存続期間を合意できない場合も同様である。

　　(イ)　鑑定費用の負担について

　配偶者居住権のほか建物敷地やその他遺産不動産について鑑定を行う場合，その鑑定費用は，従前と同じく，原則として当事者全員で法定相続分に従って負担し，その額を予納することになる。

　また，配偶者居住権の価額のみを求める鑑定を行う場合であっても，その評価を確定することで適正な遺産分割を行うことが可能となり，当事者全員の利益になるといえることから，やはり当事者全員で法定相続分に従って鑑定費用を負担し，その額を予納するのが相当と思われる。

　(5)　分割方法

　当事者の具体的相続分が算出された後，各当事者に対して最終的な遺産の取得希望を確認することになる。

　配偶者に対しては，自己の具体的相続分を踏まえ，配偶者居住権の取得を希望するのか，所有権自体の取得を希望するのかを検討させ，さらに，配偶者居住権の取得を希望する場合には，希望する存続期間を明らかにさせる必要がある。この時，配偶者居住権の評価額について合意ができていない場合，合意をしていたが存続期間について配偶者が変更を希望する場合には，この段階で，配偶者居住権の評価額を確定する必要がある。また，評価合意をしてから相当期間が経過していて，評価合意時に評価額算出に用いた存続期間と現時点以降に存続する期間との乖離が大きいような場合には，この段階で改めて評価額を算出し直すことも考えられる。

　他の相続人に対しては，配偶者居住権付所有権の取得を希望する者がいるかを確認することになる。仮に取得希望者がいない場合，配偶者居住権の負担付きの不動産として任意売却するか競売に付すことになる。その場合，配偶者居住権付所有権は，法定相続分ないし具体的相続分に従って当事者全員に共有取得させることになる。調停では，任意売却ないし競売に付す前提として，いずれにしても遺産分割における共有取得をする必要があるため，任意売却・競売によっても売却・競売できる可能性が低い見通しがあるなら，共有分割による合意を目指すのが現実的と思われる。なお，審判において，民法1029条所定の各要件を満たすとして配偶者に配偶者居住権の取得を認め

る場合には，配偶者居住権付所有権について，まずは現物分割の原則（民258条2項参照）に従って取得を希望していなくてもこれを取得させるのが相当といえる当事者がいないかを検討し，そのような当事者がいない場合には競売を命ずる審判をすることになると思われる。

また，配偶者が取得した配偶者居住権を第三者に対抗するためには，配偶者居住権の設定登記を備える必要があるから（民1031条2項），配偶者に配偶者居住権を取得させる場合には，配偶者が単独で配偶者居住権の設定登記手続をすることができるようにするための条項を設けるのが相当である。

(6)　調停条項

ア　基本型

配偶者が配偶者居住権を取得する場合における調停条項の内容として，以下のものが考えられる。

調　停　条　項

1　当事者全員は，被相続人X（令和2年4月1日死亡，以下「被相続人」という。）の相続人が，申立人【※配偶者】，相手方A及び相手方Bの3名であることを確認する。

2　当事者全員は，別紙遺産目録（以下「目録」という。【添付省略】）記載の財産が被相続人の遺産であることを確認する。

3　当事者全員は，目録記載の遺産を次のとおり分割する。

(1)　申立人は，目録記載2の建物につき，存続期間を申立人の終身の間とする配偶者居住権を取得する。(注1)

> ※存続期間を定めた場合(1)
>
> (1)　申立人は，目録記載2の建物につき，存続期間を令和2年4月1日【※相続開始日】から○年とする配偶者居住権を取得する。

> ※存続期間を定めた場合(2)
>
> (1)　申立人は，目録記載2の建物につき，配偶者居住権を取得する。ただし，その存続期間を令和2年4月1日【※相続開始日】から令和○年○月○日までとする。

(2)　相手方Aは，目録記載1の土地，同2の建物及び同3の預金を取得する。

4(1)　相手方Aは，申立人に対し，第3項(2)の遺産を取得した代償として3000万円を支払うこととし，これを，令和3年11月30日限り，同人が指定する口座に振り込む方法により支払う。振込手数料は，相手方Aの負担とする。

(2)　相手方Aは，相手方Bに対し，第3項(2)の遺産を取得した代償として，2500万円を支払うこととし，これを，令和3年11月30日限り，同人が指定する口座に振り込む方法により支払う。振込手数料は，相手方Aの負担とする。

5　相手方Aは，申立人に対し，目録記載2の建物につき，第3項(1)に記載の配偶者居住権の設定の登記手続をする。登記手続費用は申立人の負担とする。

6　当事者全員は，以上をもって被相続人の遺産及びその分割に関する紛争が一切解決し

> たものとし，本調停条項に定めるほか，何らの債権債務が存在しないことを相互に確認
> する。
> 7　調停費用は，各自の負担とする。
>
> 以　上

(注1)　配偶者居住権を「設定する」という文言も考えられるが，条文上「取得する」と明記されていること，他の遺産に関する分割方法における記載との整合性等から，配偶者居住権を「取得する」という文言で調停条項及び審判主文に記載するのが相当である。

イ　第三者に居住建物を使用収益させる場合

配偶者は，居住建物の所有者の承諾を得れば第三者に居住建物の使用又は収益をさせることができるとされ（民1032条3項），配偶者居住権の登記事項として「第三者に居住建物の使用又は収益をさせることを許す旨の定めがあるときは，その定め」が挙げられている（不動産登記法81条の2）。そこで，遺産分割調停の中で合意が可能であれば，あらかじめ第三者に居住建物を使用又は収益させることを認める旨の条項を盛り込み，さらにこれを配偶者居住権の設定登記手続においてその旨の登記ができるような条項にしておくことが考えられる。この場合の条項として，以下のものが考えられる。

調　停　条　項

1　（略）

2　（略）

3　当事者全員は，目録記載の遺産を次のとおり分割する。

　(1)　申立人【※配偶者】は，目録記載2の建物（以下「本件建物」という。）につき存続期間を申立人の終身の間とする配偶者居住権を取得する。

　(2)　相手方Aは，目録記載1の土地及び本件建物を取得する。

4　相手方Aは，申立人に対し，本件建物につき，第三者に使用又は収益をさせることを認める。

5　相手方Aは，申立人に対し，本件建物につき，第3項(1)及び第4項記載の配偶者居住権の設定の登記手続をする。登記手続費用は申立人の負担とする。

6　（以下略）

ウ　配偶者が存続期間満了前に配偶者居住権を放棄する場合

配偶者は，自らの具体的相続分において配偶者居住権を取得するが，その評価額は存続期間を前提に算出されたものであるから，配偶者が介護施設に入居するなどして存続期間満了前に居住建物を退去せざるを得なくなった場合には，配偶者居住権の評価額のうち残存期間分の価値を多く支払っていることになる。このとき，配偶者は，居住建物の所有者の承諾を得れば，第三者に居住建物を使用収益させることで当該価

値の回収を図ることができるが，居住建物の所有者の承諾が得られるとは限らず，また建物が法定耐用年数を過ぎているような場合など第三者への賃貸が現実的でないことも少なくないと思われる。

そこで，このような不測の事態に備える手段として，配偶者が存続期間満了前に配偶者居住権を放棄するときは，これによって利益を受ける居住建物の所有者は，配偶者に対して残存期間分の価値相当額の金銭を支払うことを，居住建物の所有者との間であらかじめ合意しておく方法などが考えられる。

この場合における条項例として一般的には以下のようなものが考えられるが，当該事案における配偶者と居住建物所有者との関係性や当該居住建物の利用や処分についての考え方を踏まえ，より事案に即した内容で，合意をすることが相当と思われる。

調　停　条　項

○　申立人【※配偶者】が目録記載2の建物から退去し，かつ，相手方【※居住建物の所有権者】に対して配偶者居住権を放棄する旨の意思表示をしたときは，相手方は，申立人に対し，その時点における配偶者居住権の残存期間に基づいて別紙「簡易な評価方法」により算出した同期間分の配偶者居住権の価値相当額を支払うこととする。

（別紙）

簡易な評価方法

配偶者居住権の価額

　＝建物敷地の現在価額 − 配偶者居住権付所有権（①負担付建物所有権 ＋ ②負担付土地所有権等）の価額

①　負担付建物所有権の価額

$$= 固定資産税評価額 \times \frac{法定耐用年数 − (経過年数 ＋ 存続年数)}{(法定耐用年数 − 経過年数)} \times ライプニッツ係数$$

②　負担付土地所有権等の価額

　＝敷地の固定資産税評価額又は時価×ライプニッツ係数

以　上

5　派生問題

配偶者居住権を取得した配偶者の相続が開始した場合，以下のような主張がなされることが想定されるため，今後検討していく必要がある。

(1)　配偶者が存続期間満了前に配偶者居住権を放棄した場合，配偶者居住権の残存期間分の価値が，居住建物の所有者の特別受益として主張されることがあるのではないか

この場合，まずは配偶者による配偶者居住権の「放棄」という意思表示があったか

否かを慎重に判断することになる。すなわち，配偶者居住権が設定された居住建物からの「退去」は配偶者居住権の消滅事由とされておらず，退去後も居住建物の所有者の承諾を得て第三者に使用又は収益させる方策があることからすると，単に退去をしたという事実のみでは配偶者居住権を放棄したものと認めることはできないため，配偶者が配偶者居住権を放棄したと認定するためにはその旨の意思表示がなされたことが必要と考えるべきであって，同意思表示の有無について争われる場合にはこれを示す資料の提出が求められることになる。

また，特別受益として認められるためには被相続人において相続財産の前渡しとみられる生前贈与があったことが必要なところ，配偶者居住権の放棄をもって居住建物の所有者に対する生前贈与があったというためには，居住建物の所有者が配偶者居住権の放棄について何ら対価を得ていないことが必要である。

被相続人である配偶者が生前，配偶者居住権を放棄する旨の意思表示をしており，かつ，それが居住建物の所有者において何ら対価を得ることなく行われたと認められ

る場合には，放棄時点における配偶者居住権の残存期間分の価値につき，居住建物の所有者の特別受益を認めるのが相当である。この場合の特別受益額（配偶者居住権の残存期間分の価値相当額）は，当事者間で簡易な評価方法により算出して評価合意によって確定させるか，評価合意が難しければ鑑定によって確定させることになろう。もっとも，特別受益が認められても，被相続人である配偶者と居住建物の所有者との関係性や生活状況等から，配偶者居住権を放棄することについて被相続人（配偶者）が持戻し免除の意思表示をしていたと認められる場合もあると思われる。

(2)　配偶者が存続期間満了後も無償で居住建物に住み続けた場合，居住建物の所有者がこれを寄与分として主張することがあり得るのではないか

この場合，配偶者が建物の利用権限なく無償で使用し続けたのであれば，居住建物の所有者である相続人が，被相続人（配偶者）に対し，自己所有の不動産を無償で使用させたとして通常の金銭等出資型寄与分と同様に考えることになると思われる。

【資料7】　配偶者居住権リーフレット

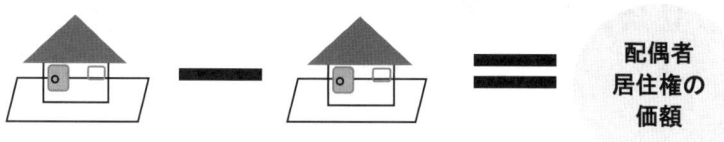

簡易な評価方法とは

配偶者居住権の価値評価について

建物敷地の現在価額　−　配偶者居住権付所有権の価額　=　配偶者居住権の価額

配偶者居住権付所有権の価額
↑
①負担付建物所有権
＋
②負担付土地所有権等

例　4000万円　−　2500万円（①500万円＋②2000万円）　=　1500万円

配偶者居住権付所有権の計算方法

(計算式)

①負担付建物所有権

負担付建物所有権の価額

$$＝固定資産税評価額 × \frac{法定耐用年数^{(注1)}－(経過年数＋存続年数)^{(注2)}}{(法定耐用年数－経過年数)} × ライプニッツ係数$$

②負担付土地所有権等

負担付土地所有権等の価額

(注1)法定耐用年数は減価償却資産の耐用年数等に関する省令（昭和４０年３月３１日大蔵省令第１５号）において構造・用途ごとに規定されており，木造の住宅用建物は２２年，鉄筋コンクリート造の住宅用建物は４７年と定められている。

(注2)配偶者居住権の存続期間が終身である場合には，簡易生命表記載の平均余命の値を使用するものとする。

具体例

一戸建て（建物：築１５年，鉄筋コンクリート造，固定資産税評価額１４００万円，敷地：固定資産税評価額６０００万円）を対象として終身期間の配偶者居住権を設定した場合

(配偶者(女性)の年齢:60歳　※60歳女性の平成29年簡易生命表上の平均余命→28.97年≒29年)

【計算】　7400万円　−　2600万円（①56万円＋②2544万円）　=　4800万円

【内訳】

・　建物と敷地の合計現在価額
→ 1400万円＋6000万円 = 7400万円
（建物部分）　（敷地部分）

・　①　負担付建物所有権の価額
1400万円×〔47−(15＋29)〕÷(47−15)×0.424（法定利率を3%とした場合の29年のライプニッツ係数）
（現在価額）×〔(法定耐用年数)−(経過年数＋存続年数(平均余命年数))〕÷(法定耐用年数−経過年数)×ライプニッツ係数
≒ 56万円

・　②　負担付土地所有権等の価額
6000万円×0.424（法定利率を3%とした場合の29年のライプニッツ係数）
= 2544万円

・　配偶者居住権の価額
7400万円−(56万円+2544万円) = 4800万円　（建物敷地価額の約65%）
<建物敷地の　　<配偶者居住権付　　<配偶者居住権の価額>
現在価額>　　　所有権の価額>

第3　配偶者居住権に関する運用

配偶者短期居住権に関する運用

（配偶者短期居住権）

民法第1037条　配偶者は，被相続人の財産に属した建物に相続開始の時に無償で居住していた
　　場合には，次の各号に掲げる区分に応じてそれぞれ当該各号に定める日までの間，その居住
　　していた建物（以下「居住建物」という。）の所有権を相続又は遺贈により取得した者（以
　　下「居住建物取得者」という。）に対し，居住建物について無償で居住する権利（居住建物
　　の一部のみを無償で使用していた場合にあっては，その部分について無償で使用する権利。
　　以下「配偶者短期居住権」という。）を有する。ただし，配偶者が，相続開始の時において
　　居住建物に係る配偶者居住権を取得したとき，又は第891条の規定に該当し若しくは廃除に
　　よってその相続権を失ったときは，この限りでない。
　一　居住建物について配偶者を含む共同相続人間で遺産の分割をすべき場合　遺産の分割に
　　　より居住建物の帰属が確定した日又は相続開始の時から6箇月を経過する日のいずれか遅
　　　い日
　二　前号に掲げる場合以外の場合　第3項の申入れの日から6箇月を経過する日
　2　（略）
　3　居住建物取得者は，第1項第1号に掲げる場合を除くほか，いつでも配偶者短期居住権の
　　消滅の申入れをすることができる。

1　改正の趣旨等

(1)　改正の趣旨

　被相続人が死亡した場合でも，配偶者は，それまで居住してきた建物に引き続き居住することを希望するのが通常である。特に，配偶者が高齢者である場合には，住み慣れた居住建物を離れて新たな生活を立ち上げることは精神的にも肉体的にも大きな負担となると考えられるから，高齢化社会の進展に伴い，配偶者の居住権を保護する必要性は高いといえる。

　相続に伴う配偶者の居住権の保護に関しては，配偶者が被相続人の占有補助者として居住建物に居住できると考えられるが，被相続人の死亡によりその占有補助者としての資格を失うことになり，結局，配偶者の居住権を保護することはできない。

　この点について，判例（最三小判平成8年12月17日民集50巻10号2778頁）は，相続人の一人が相続開始時に被相続人所有の建物に居住していた場合には，特段の事情のない限り，被相続人とその相続人との間で，相続開始時を始期とし，遺産分割時を終期

とする使用貸借契約が成立していたものと推認されると判示した。これにより，この要件に該当する限り，配偶者は，遺産分割が終了するまでの間，短期的な居住権が確保されることになった。しかし，この判例法理によっても，第三者に居住建物が遺贈されてしまった場合や，被相続人が反対の意思を表示した場合には，使用貸借が推認されず，配偶者の居住権は保護されない事態が生じる。そこで，被相続人が居住建物を遺贈した場合や，反対の意思を表示した場合であっても，最低6か月間は配偶者の居住権を保護するため配偶者短期居住権という新たな権利を創設したものである（『一問一答』34，35頁，『概説』25～27頁）。

(2)　制度の概要

配偶者短期居住権は，配偶者居住権（民1028条1項）と同じく，配偶者が居住建物を無償で使用することができる権利であるが，配偶者居住権と異なり，配偶者は，一定の要件を満たせば法律上当然に配偶者短期居住権を取得することになり，また，取得した配偶者短期居住権について，遺産分割において配偶者の具体的相続分からその価値を控除する必要がない。

なお，配偶者短期居住権に関する規定は，令和2年4月1日から施行され，同日前に開始した相続については，なお従前の例によることとされている（附則2条）。

2　内　容

(1)　配偶者短期居住権の成立要件

改正相続法では配偶者短期居住権について，民法1037条1項・3項に定めを置いた。

同条1項によれば，配偶者短期居住権の成立要件は，①被相続人の配偶者が，②相続開始の時に，被相続人が所有する建物（共有持分を有する場合を含む。以下同じ。）に無償で居住していたこと，である。

ア　被相続人の配偶者であること

ここにいう「配偶者」は，法律上被相続人と婚姻していた者に限られ，内縁の配偶者は含まれない。

もっとも，配偶者であっても，その居住建物について配偶者居住権を取得した場合や，相続欠格事由（民891条）に該当する場合，廃除によって相続権を失った場合には，配偶者短期居住権を取得することができない。

イ　相続開始の時に，被相続人が所有する建物に無償で居住していたこと

「居住していた」とは，配偶者居住権の場合と同じく，配偶者が当該建物を生活の本拠としていたことを意味する。

(2)　配偶者短期居住権の効力

ア　存続期間

(ア)　居住建物について配偶者を含む共同相続人間で遺産分割をすべき場合

配偶者が居住建物について遺産共有持分を有している場合，配偶者短期居住権の存続期間は，相続開始時から，遺産分割により居住建物の帰属が確定した日又は相続開始時から6か月を経過する日のいずれか遅い日までの間となる。

(イ)　上記(ア)以外の場合

配偶者が居住建物について遺産共有持分を有していない場合，例えば，居住建物が配偶者以外の者に遺贈がされた場合や「特定財産承継遺言（いわゆる「相続させる」旨の遺言）」がなされた場合，配偶者が相続放棄をした場合などには，配偶者短期居住

住権の存続期間は，相続開始時から，居住建物取得者が短期居住権の消滅の申入れをした日から6か月が経過する日までの間となる。

イ　配偶者と居住建物取得者との間の法律関係

(ア)　使用

配偶者（配偶者短期居住権を取得した配偶者に限る。以下同じ。）は，無償で居住建物の全部又は一部を使用することができる。他の全ての相続人（居住建物取得者）は，第三者に対する居住建物の譲渡その他の方法により配偶者の居住建物の使用を妨げてはならない（民1037条2項）。

配偶者は，従前の用法に従い，善良な管理者の注意をもって，居住建物の使用をしなければならず（民1038条1項），他の全ての相続人（居住建物取得者）の承諾を得なければ，第三者に居住建物を使用させることができない（同条2項）。

(イ)　譲渡禁止，修繕等，費用負担

配偶者短期居住権の譲渡禁止，居住建物の修繕等，費用負担に関しては，配偶者居住権における規律と同様である（民1041条・1032条2項，1033条，1034条）。

(3)　配偶者短期居住権の消滅

ア　消滅原因

配偶者短期居住権は，①存続期間が満了したとき，②居住建物取得者による消滅請求がなされた場合（民1037条3項），③配偶者が配偶者居住権を取得したとき（民1039条），④配偶者が死亡したとき（民1041条・597条3項），⑤居住建物が全部滅失等したとき（民1041条・616条の2）等に消滅する。

イ　居住建物取得者による消滅請求

配偶者が善管注意義務（民1038条1項）

に違反した場合，あるいは配偶者が居住建物取得者に無断で第三者に居住建物を使用させた場合（同条2項参照），居住建物取得者は，配偶者に対する意思表示によって配偶者短期居住権を消滅させることができる（同条3項）。

ウ　消滅後における配偶者と居住建物取得者との間の法律関係

配偶者短期居住権が消滅したとき（配偶者が配偶者居住権を取得したときを除く。），配偶者は，居住建物取得者に対して居住建物を返還しなければならない（民1040条1項本文）。ただし，配偶者が居住建物について共有持分を有する場合は，居住建物取得者は，配偶者短期居住権が消滅したことを理由としては，居住建物の返還を求めることができない（同項ただし書）。

配偶者が居住建物を返還するときに負う収去義務，原状回復義務等（民1040条2項・599条1項2項，621条）や，前記イにおける民法1038条1項及び2項に違反する使用等によって生じた損害の賠償及び配偶者が支出した費用の償還に関しては，配偶者居住権における規律と同様である（民1041条・600条）。

3　運用等

被相続人の配偶者が居住建物を相続開始後も遺産分割時まで無償使用できるという本制度の主たる効力は，前記平成8年最高裁判例に基づいて既に運用されていたものであるため，実務への影響は少ないと思われる。もっとも，本制度により，被相続人の意思に左右されることなく配偶者が居住建物の無償使用権限を取得するようになり，

遺産分割が早期に終了しても常に最低6か月間の無償使用期間が法律上保障されることになって，配偶者が保護される場面が増えることになる。また，配偶者が居住建物に居住し続けるに当たって負担すべき費用や負うべき義務の内容が明文化されたため，本制度導入後の遺産分割事件では，付随問題として当該建物使用に際しての費用の精算等が問題となることが考えられる。

第5

持戻し免除の意思表示の推定に関する運用

（特別受益者の相続分）

民法第903条　1～3　（略）

　4　婚姻期間が20年以上の夫婦の一方である被相続人が，他の一方に対し，その居住の用に供する建物又はその敷地について遺贈又は贈与をしたときは，当該被相続人は，その遺贈又は贈与について第1項の規定を適用しない旨の意思を表示したものと推定する。

1　改正の趣旨

　夫婦の一方が他方に対して居住用不動産の贈与又は遺贈（以下「贈与等」という。）をした場合には，遺産分割においては，原則として特別受益として取り扱われ，その居住用不動産の価額を既に取得したものとして具体的相続分が計算されることになるため，配偶者の遺産分割における取得額がその財産の価額分減少することになる。この点は，今般の改正によって結論が異なることはない。

　もっとも，改正前民法の下でも，婚姻期間が20年を超える夫婦の一方が他方に対して居住用不動産の贈与等をする場合には，通常それまでの長年の貢献に報いるとともに，その老後の生活を保障する趣旨で行われるものと考えられ，遺産分割における配偶者の具体的相続分を算定するに当たり，その財産の価額を控除して遺産分割における取得額を減少させる意図は有していない場合が多いものと考えられる（『一問一答』

57，58頁，『概説』39頁）。また，居住用不動産の持分を配偶者に生前贈与した事案につき，裁判例（東京高決平成8年8月26日家月49巻4号52頁）においても，長年にわたる妻としての貢献に報い，その老後の生活の安定を図るために生前贈与をしたものと認定し，その贈与については，暗黙のうちに持戻し免除の意思表示をしたものと解するのが相当であると判示したものがある。このように実務では，被相続人の通常の意思に合致した遺産分割を可能にすることが考慮されていた。

　さらに，現行法上，配偶者に対する贈与に対して特別な配慮をしているものとして，相続税法上の贈与税の特例という制度がある（相続税法21条の6）。これは，婚姻期間が20年以上の夫婦間で，居住用不動産等の贈与が行われた場合に，基礎控除に加え最高2000万円の控除を認めるという税制上の特例を認めるものであり，配偶者の死亡により残された他方配偶者の生活について配慮するものであるが，民法上も，居住用不

動産の贈与等がされた場合について，同様の観点から一定の優遇措置を講ずることは，贈与税の特例とあいまって配偶者の生活保障をより厚くするものといえる。

そこで，改正相続法は，民法903条4項において，これらの点を考慮し，婚姻期間が20年以上の夫婦の一方が他の一方に対して居住用不動産の贈与等をした場合については，持戻し免除の意思表示があったものと推定する規定を設け，同条1項の取扱いの原則と例外を逆転させたものである。そして，これにより，配偶者の相続における取得額を事実上増やすことが可能となった。

実務においては，同条4項に基づきツールを改訂した（【資料8】参照）。

なお，持戻し免除の意思表示の推定に関する規定は，令和元年7月1日から施行され（附則2条），施行日前にされた遺贈又は贈与については，適用されない（附則4条）。

2　要件

(1)　婚姻期間が20年以上の夫婦であること

婚姻期間が20年以上の夫婦であることを要する。これは，相続税法21条の6と同様の要件を設けるものであり，通常，長期間婚姻関係にある夫婦については，一方配偶者の財産形成における他方配偶者の貢献・協力の度合いが高く，そのような関係にある夫婦が行った贈与等は，類型的にそれまでの長年の貢献に報いるとともに，その老後の生活を保障する趣旨で行われる場合が多いと考えられること等を考慮したものである。

なお，同一の当事者間で結婚，離婚，結婚を繰り返している場合であっても，婚姻期間が通算して20年以上となっていれば，この要件を満たすものと考えられる。もっとも，民法903条4項の規定は，あくまでも遺産分割における規律であり，遺産分割の対象となる配偶者は，法律上の夫婦の一方当事者である必要があることから，20年の期間を算定する際に事実婚の期間を含めることはできない（『概説』42頁）。

また，居住用不動産の贈与又は遺贈時に婚姻期間が20年以上であることを要する。例えば，婚姻後5年目に贈与がなされ，相続開始時には婚姻期間が20年以上になっていたとしても，本条は適用されない。

(2)　居住用不動産の贈与又は遺贈がされたこと

ア　居住用不動産

贈与等の目的物が「居住用不動産」である場合に限られる。居住用不動産は生活の本拠となるもので，老後の生活保障という観点から特に重要なものであり，その贈与等は，類型的に相手方配偶者の老後の生活保障を考慮して行われる場合が多いと考えられること等を考慮したものである。

イ　居宅兼店舗

居宅兼店舗については，様々な形態のものがあり得るが，同項の適用があるかどうかは，当該不動産の構造や形態，被相続人の遺言の趣旨等によって判断されることになろう。

『一問一答』64頁，『概説』45頁では，例えば，構造上一体となっている3階建ての建物の1階部分の一部でパン屋を営んでいるが，その余の部分は居住の用に供しているといったケースでは，同項の規定を適用

することができる場合が多いが，構造上住居用部分と店舗部分が分離されており，居住用部分がいわゆる離れのような形態となっている場合や，構造上建物は一体となっているがその大部分を店舗が占めているといった場合では，建物全体を居住用不動産とみることはできず，建物全体について同項の規定を適用することができないことが多いものと考えられる（なお，前者の場合については居住用部分に限って同項の規定が適用されることもあり得るものである。）とされている。

なお，同項の規定の適用がない場合でも，個別具体的な事案に応じて，黙示の持戻し免除の意思表示を認定することができる場合もあり得る。

ウ　居住用要件の基準時

同項は，贈与等を行った被相続人の持戻し免除の意思を推定する規定であるから，居住用要件の判断の基準時は，贈与等をした時点を基準時とすべきであると解される。

もっとも，贈与等が行われた時点で，現に居住の用に供していなかったとしても，贈与等の時点で近い将来居住の用に供する目的があったと認められる場合には，「居住の用に供する」という要件に該当する余地はある。

なお，居住用要件の判断の基準時を贈与等がされたときとすると，転居を繰り返すことによって，複数の不動産が同項の適用の対象となり得ることになるが，一般に，一度居住用不動産の贈与をした者が，転居をし，その後また居住用不動産の贈与をした場合には，先の贈与については相手方配偶者の老後の生活保障のために与えたという趣旨は撤回されたものと考えられ，明示

又は黙示に持戻し免除をしないという意思が認められる場合が多いと考えられる。また，前記の贈与税の特例（相続税法21条の6）は，一生に一回しか使うことができないこととされており，二度目以降については通常の贈与税が課されることになるから，同一の当事者間で，頻繁に居住用不動産の贈与が行われるということは通常想定し難いものと考えられる。

エ　居住用不動産の購入資金の贈与

相続税法上は，婚姻期間が20年以上である配偶者から，居住用不動産の贈与を受けた場合だけでなく，①金銭の贈与を受け，②その金銭で居住用不動産を取得した場合で，③その贈与を受けた年の翌年3月15日までにその居住用不動産の取得に充てた部分の金額の限度で，贈与税の特例の適用を受けることができるとされている（相続税法21条の6）。

これに対し，民法903条4項の規定では，贈与等の対象財産を居住用不動産に限定し，居住用不動産の購入資金についてはその対象財産に含めていないが，居住用不動産の購入資金の贈与がされ，これについて贈与税の特例が適用される場合については，実質としては，居住用不動産の贈与がされたと評価することができ，同項の規定を適用することができる場合もあり得る。また，その適用がないとしても，居住用不動産の購入資金の贈与については，黙示の持戻し免除の意思表示を認定することができる場合も多いと思われる（『概説』46，47頁）。

(3)　贈与又は遺贈されたこと

ア　内　容

相続税法上の贈与税の特例とは異なり，同項の対象となる法律行為には，居住用不

動産の贈与だけでなく，その遺贈も含まれる。

イ　特定財産承継遺言（いわゆる「相続させる」旨の遺言）との関係について

相続人の一部の者に特定の財産を承継させる旨のいわゆる「相続させる」旨の遺言がされた場合については，一般に，遺贈ではなく遺産分割方法の指定（民908条）であると考えられている（最二小判平成3年4月19日民集45巻4号477頁参照）が，民法903条4項の規定は，遺贈又は贈与がされた場合を対象としているから，遺産分割方法の指定がされた場合に同項を直接適用することはできない。

もっとも，遺産の一部について遺産分割方法の指定がされ，残余の遺産について共同相続人間で遺産分割がされることになる場合に，その遺産分割において，その遺産を取得した相続人の具体的相続分からその遺産の額を控除することとするのか，遺産分割方法の指定がされた財産については別枠として取り扱い，残余の遺産分割においてはこれを考慮しないこととするかは，最終的には遺言者の意思解釈の問題になると考えられ，後者の考え方をとる場合には，遺言者は，遺産分割方法の指定だけでなく，これと併せて相続分の指定をしたものと取り扱われることになる。

そして，同項の規定は，婚姻期間が20年以上となる夫婦の一方が他方に対して居住用不動産の遺贈等をした場合には，これによって，遺産分割における配偶者の取り分につき，居住用不動産の価額分を減少させる意図は有していない場合が多いこと等を考慮して法律上の推定規定を設けたもので

あるが，居住用不動産について遺産分割方法の指定がされた場合についても，遺言者の意図は，基本的には同じであると考えられる。

したがって，居住用不動産について「相続させる」旨の遺言がされ，遺産分割方法の指定がされた場合についても，同項の規定の趣旨に照らせば，特段の事情がない限り，遺産分割方法の指定と併せて相続分の指定がされたものとし，残余の遺産における分割協議等では，居住用不動産については別枠として取り扱うことで，結果的には同項の規定を適用したのと同様の結果になる場合が多いものと考えられる（『一問一答』62，63頁，『概説』47，48頁）。

3　効果

民法903条4項の要件を満たす贈与等が行われた場合には，被相続人が，当該贈与等について同条1項の規定を適用しない旨の意思表示，すなわち持戻し免除の意思表示をしたものと推定される。これにより，遺産分割において当該遺贈又は贈与を特別受益として扱わずに計算をすることができ，配偶者の遺産分割における取得額が増えることとなる。しかし，同条4項は，あくまでも推定規定である以上，被相続人が異なる意思を表示している場合（黙示の意思表示も含む。）には，本規定は適用されないことになる。

なお，遺贈における持戻し免除の意思表示については，一般的には，遺言中で行わなければならないとする立場が有力である（遺言必要説）。しかし，「遺言の撤回は，これに抵触する無方式の生前行為によって

擬制されること（民法1023条）に照らすと，遺言の効力に影響を及ぼす持戻し免除の意思表示は無方式の意思表示によってなされてもよいこと，また，法文上にも，持戻し免除の意思表示は遺言によりなし得るものとされていないこと（安倍正三「特別受益の持戻免除の意思表示」島津一郎編『新版相続法の基礎』（青林書院，2000）173頁）から，遺言の方式に限る理由はなく，生前の意思表示によってもできる（遺言不要説）と解するのが相当である。」とする見解（『遺産分割』288頁）もあり，また，遺贈が行われた場合の持戻し免除の意思表示は必ずしも遺言の中ですることを要しないとする裁判例（大阪高決平成25年 7 月26日判時2208号60頁）もある。したがって，持戻し免除の意思表示の推定を覆すためには，必ずしも遺言による必要はないと考えられる。

4　配偶者居住権への準用

　婚姻期間が20年以上の夫婦間で，配偶者居住権の遺贈がされた場合についても，民法903条 4 項の規定が準用される（民1028条 3 項）。

【資料8】　特別受益とは

特別受益とは

東京家庭裁判所家事第5部

特別受益と遺産分割

　共同相続人の中に，被相続人から，遺言によって財産を譲り受けたり（以下「遺贈」といいます。），生前に遺産の前渡しとなるような多額の贈与を受けた者がいるときに，各相続人間の公平を図るため，その遺贈又は贈与の額を相続財産に加算して，遺産の分割をすることになります。そして，こうした遺贈や贈与のことを「**特別受益**」といいます。また，遺贈又は贈与の額を相続財産の中に計算上加えることを，「**特別受益の持戻し**」といいます。ただし，遺産に特別受益を持ち戻さないときもあります。

持戻し免除の意思表示

　被相続人が遺贈又は贈与を持ち戻す必要がないとの意思を示していたと認められる場合には，被相続人の意思に従って，遺贈又は贈与の額を相続財産に加算しないことになります。この被相続人の意思表示のことを「**持戻し免除の意思表示**」といいます。「**持戻し免除の意思表示**」は，遺言などで明らかな意思表示がされていない場合であっても，周囲の状況から，たぶんこうだろうと推測できるものであれば，よいとされています。

　なお，婚姻期間が20年以上の夫婦の一方である被相続人が，他の一方に対し，その居住用不動産を遺贈又は贈与した場合には，「持戻し免除の意思表示」があったものと推定されます。

特別受益の主張に当たって

　他の相続人の特別受益を主張する場合には，「**特別受益Q&A【添付省略】**」を参考にして，特別受益に当たるかどうかをよく吟味してください。その上で，「**特別受益主張整理表【添付省略】**」を記入例にしたがって作成し，裁判所に提出してください。

第6

一部分割に関する運用

1　改正の趣旨

　遺産分割事件を早期に解決するためには，争いのない遺産について先行して一部分割を行うことが有益な場合があり，また，現在の実務上も，一定の要件の下で一部分割を行っていた。しかし，法文上，一部分割が許容されているか否かは必ずしも明確ではなかった。そこで，改正相続法は，いかなる場合に一部分割をすることができるのかについて，明文の規定を設けたものである（『一問一答』87頁，『概説』67頁）。

　なお，一部分割に関する規定は令和元年7月1日から施行される。同日前に開始した相続については，なお従前の例によることとされ，同日前にされた相続について改正相続法の適用はないとされている（附則2条）。

2　規律の対象

　本条に定める「一部分割」は，分割の対象となる残余財産が存在するが，当事者が現時点では残余遺産の分割を希望していないこと等を理由としてその一部のみの分割が行われる場合を対象とし，全部審判とし

て行われる一部分割（残余遺産について審判事件が係属せず，事件が終了するもの）である（『一問一答』89頁，『概説』68頁）。なお，家事事件手続法73条 2 項に規定する一部審判として行われる一部分割（残余遺産について審判事件が引き続き係属するもの）は，家庭裁判所が遺産分割の一部について審判をするのに熟していると判断をするものであり，審判の成熟性の判断の中で，一部分割をする必要性と相当性の審査が行われるから，一部分割を規律するルールを設ける必要はない（『一問一答』89頁）。

3　共同相続人間の協議による一部分割

(1)　一部分割の可否

　共同相続人は，遺産についての処分権限があることから，いつでも，遺産の一部を残余の遺産から分離独立させて，確定的に分割の協議をすることができるものと考えられる。

　そこで，改正相続法では，民法907条 1 項の文言を「遺産の全部又は一部の分割をすることができる」と改めることにより，共同相続人間の協議による一部分割が可能であることを明示することとした（『一問一答』87頁，『概説』68頁）。

(2)　一部分割と残余財産の分割との関係

　一部分割をする場合には，分割協議書又は調停調書に，一部分割であること，一部分割が残余財産の分割に影響があるかないかを明確にすべきである（後記 5 調停条項例参照）が，分割協議書等において，一部分割が残余財産の分割に影響があるかない

かが明確にされていない場合には，どのように解すべきか問題となる。この点，一部分割の内容が共同相続人間に不公平を生じさせる場合には，残余財産の分配に当たって一部分割により遺産を取得した共同相続人の取得分に影響を及ぼすこともあり得る。もっとも，遺産の一部の分割の協議に際し，残余財産の分配に当たって一部分割により遺産を取得した共同相続人の取得分に影響を及ぼすこととするか否か，影響を及ぼすとした場合の同取得分の額や取得分の評価基準時等の内容をどうするか等については，共同相続人間で自由に協議することが可能であり，協議が調わなければ遺産の一部の分割をしないという選択肢もあること等からすると，遺産の一部の分割に際して残余財産の分割に関する定めがなければ，別個独立に残余財産の分割を行うことを前提に遺産の一部の分割をしたものと解されることが多いであろう。

4　家庭裁判所に対する一部分割の請求

(1)　遺産分割の範囲

　遺産分割について共同相続人間の協議が調わない場合には，共同相続人が，遺産の全部分割のみならず，その一部のみの分割を家庭裁判所に求めることができることを明らかにしている（民907条 2 項本文）。これは，遺産分割の範囲について，一次的に共同相続人の処分権限を認めるものである。

　この処分権限は，申立人のみならず，申立人以外の共同相続人にも当然認められるものであるから，申立人以外の共同相続人が，遺産の全部分割又は当初の申立てとは

異なる範囲の一部分割を求めた場合には，遺産分割の対象は，遺産の全部又は拡張された一部の遺産（当初の申立部分に加え，追加された申立部分を含むもの）ということになる（『一問一答』87頁）。

なお，一部の共同相続人が一部分割を求めているのに対し，他の共同相続人があくまで協議による分割を求め，あるいは，より小さい範囲の遺産の分割を求めるということもあり得るが，共同相続人は，いつでも遺産の分割をすることができるものとされ（同条1項），遺産の分割をしたくないという希望は必ずしも法律上保障されているとはいえないこと（家庭裁判所は，特別の事由があるときに，分割の禁止をすることができるとされているにすぎない（同条3項）。）からすると，分割をしたくない又はより小さい範囲で分割をしたいという当事者の希望は必ずしも法律上保障されるべき利益とはいえないものと考えられる（追加試案補足説明29頁（注3））。

(2)　申立書の記載例等

家事事件の申立てにおいては，申立ての趣旨及び理由を特定して申立てをする必要があるところ，遺産分割調停又は審判申立てについては，「被相続人の遺産の分割の（□調停／□審判）を求める。」という申立ての趣旨のみで特定しているものと解されてきた。しかし，一部分割の申立てをする場合には，分割を求める遺産の範囲を特定する必要があり，申立書の書式（【資料9-1】）及びその記入例（【資料9-2】）のとおり，申立書に添付する遺産目録には，被相続人の全ての遺産を記載した上で，申立ての趣旨欄に分割を求める遺産の範囲を特定して記載することとした。

また，遺産分割調停又は審判申立て前に遺産の一部分割が行われた場合には，分割済遺産目録を添付することとした（【資料9-2】，105頁参照）。

なお，申立人に提出を求める事情説明書及び相手方に提出を求める答弁書の書式は【資料10-1・2】のとおりである。

(3)　申立ての趣旨の拡張又は相手方による新たな申立て

上記のとおり，遺産分割の範囲について，一次的に共同相続人の処分権限を認めたことから，遺産分割の範囲について変更を求める場合には，審判がされる前に申立人による申立ての趣旨の拡張（【資料11】，【資料12】）又は相手方による新たな申立てが必要となる。

一部分割の申立てと全部分割の申立てが重複した場合には，前者の申立てについては後者の申立てに包含されることから，前者の申立てについては申立ての利益があるとみるかはともかくとして，遺産の全部が審判の対象になる。なお，例えば，相続人Aが遺産甲の分割を，相続人Bが遺産乙の分割をそれぞれ求めた場合には，包含関係にないことから，いずれの申立ても適法として，家庭裁判所は，遺産甲及び乙の分割をそれぞれ行うことになる（通常は併合して審理することになると思われる。）（『一問一答』88頁，『概説』71頁）。

(4)　一部分割の許容性

遺産の一部分割をすることにより他の共同相続人の利益を害するおそれがある場合には，一部分割の申立てを認めないこととしている（民907条2項ただし書）。これは，一次的には，一部分割を求めるか否かについて当事者に処分権を認めつつも，それに

よって適正な遺産分割が実現できない場合には，家庭裁判所の後見的な役割を優先させ，共同相続人間の公平が図られるようにしたものである。

具体的には，特別受益の有無等を検討し，代償金，換価等の分割方法をも検討した上で，最終的に適正な分割を達成し得るという明確な見通しが得られた場合に，一部分割は許容されるものと考えられる。また，一部分割においては，具体的相続分を超過する遺産を取得させることとなるおそれがある場合であっても，残部分割の際に当該遺産を取得する相続人が代償金を支払うことが確実視されるような場合であれば，一部分割を行うことも可能であると考えられる。

これに対し，このような観点で検討しても，一部分割をすることによって，最終的に適正な分割を達成し得るという明確な見通しが立たない場合には，当事者の合意がある場合であっても，当該一部分割の申立ては不適法なものとして却下するのが相当である（『一問一答』90頁，『概説』70頁）。

家庭裁判所としては，一部分割をすることにより，共同相続人の一人又は数人の利益を害すると認めるときは，直ちに却下するのではなく，釈明権を行使して，当事者に申立ての趣旨を拡張しないのか否か確認をすることになろう（『概説』72頁）。

5　調停条項例

一部分割が成立する場合における調停条項の記載例として，以下のものが考えられる。

(1)　一部分割の効力が残余の遺産に影響しない場合

調　停　条　項

1　当事者双方は，被相続人Ｘ（令和○年○月○日死亡，以下「被相続人」という。）の相続人が申立人と相手方の２名であることを確認する。

2　当事者双方は，別紙遺産目録（以下「目録」という。【添付省略】）記載１ないし３の財産が被相続人の遺産であることを確認する。

3　当事者双方は，被相続人の遺産のうち，目録記載１の土地及び同記載２の建物を次のとおり分割する。
　　申立人は，目録記載１の土地及び同記載２の建物を取得する。

4　申立人は，相手方に対し，前項の遺産を取得した代償として，○万円を支払うこととし，これを令和○年○月○日限り，相手方の指定する口座に振り込む方法により支払う。
　　なお，振込手数料は申立人の負担とする。

5　当事者双方は，目録記載３の遺産について，上記の分割とは別個独立にその相続分に従って分割することとし，上記遺産の一部分割がその余の遺産分割に影響を及ぼさないことを確認する。

6　調停費用は，各自の負担とする。

(2)　一部分割の効力が残余の遺産に影響する場合

> 5　当事者双方は，第3項（及び第4項）により，申立人につき○万円（土地，建物），
> 相手方につき○万円（代償金）を取得したことを確認する。
>
> 6　当事者双方は，目録記載3の遺産分割について，①残余の遺産分割において，第3項
> により分割された遺産を含めて，遺産の総額を評価し，②その総額に各共同相続人の法
> 定相続分を乗じて算定された具体的相続分（特別受益・寄与分による修正を含む。）か
> ら第3項（及び第4項）により取得した遺産額を控除して共同相続人の残余の遺産に対
> する具体的相続分率を算出し，③残余遺産の分割を協議することを確認する。

6　審判主文例

一部分割を認容する場合の主文例は，以下のものが考えられる。

> 主　文
>
> 1　被相続人の遺産のうち，別紙遺産目録記載1の土地及び同記載2の建物を次のとおり
> 分割する。
> 申立人は，別紙遺産目録記載1の土地及び同記載2の建物を取得する。
> 2　手続費用は各自の負担とする。

遺産の一部を分割することにより他の共同相続人の利益を害するおそれがある場合には遺産の一部の分割をすることはできないところ（民907条2項ただし書），家庭裁判所としてはこれを審理した上で判断する必要があるため，主文1項記載の遺産目録には，一部分割の対象となった遺産のみではなく，被相続人の全ての遺産を記載する必要がある。また，一部分割の効力を残余の遺産の分割に影響させることを前提とした審判か否かについて，理由中に記載する必要がある。

なお，一部分割の申立てと全部分割の申立てが重複した場合，遺産の全部が審判の対象となるから，その場合の審判主文は，全部分割と同様となる。この場合，一部分割の申立てを却下する旨の主文は不要と考えられる。

7　調停に代わる審判

遺産分割においては，一部の相手方が答弁書を提出せず，家裁調査官による意向調査にも応じないため意向が明らかにならない事案もある。このような事案において，明確に一部分割に反対する当事者が存在せず，一部分割の許容性の判断にも問題がない場合には，一部分割の調停に代わる審判（家事法284条）をすることができると解される。

【資料9‐1】　遺産分割審判・調停申立書書式

この申立書の写しは，法律の定めるところにより，申立ての内容を知らせるため，相手方に送付されます。

受付印	遺産分割　□ 調停　／　□ 審判　申立書

（この欄に申立て1件あたり収入印紙1,200円分を貼ってください。）

収入印紙　　　　円
予納郵便切手　　　円

（貼った印紙に押印しないでください。）

家庭裁判所 　　　　　　　　御中 令和　　年　　月　　日	申　立　人 （又は法定代理人など） の記名押印	印

準口頭

添付書類　（審理のために必要な場合は，追加書類の提出をお願いすることがあります。）
□ 戸籍（除籍・改製原戸籍）謄本（全部事項証明書）　合計　　通
□ 住民票又は戸籍附票　合計　　通　　□ 不動産登記事項証明書　合計　　通
□ 固定資産評価証明書　合計　　通　　□ 預貯金通帳写し又は残高証明書　合計　　通
□ 有価証券写し　合計　　通　　□

当　事　者	別紙当事者目録記載のとおり	
被相続人	最後の住所	都道府県
	フリガナ 氏名	平成・令和　　年　　月　　日死亡

申　立　て　の　趣　旨

□ 被相続人の遺産の全部の分割の(□ 調停／□ 審判)を求める。

□ 被相続人の遺産のうち，別紙遺産目録記載の次の遺産の分割の(□ 調停／□ 審判)を求める。※1
　　【土地】_____　【建物】_____
　　【現金，預・貯金，株式等】_____

申　立　て　の　理　由

遺産の種類及び内容	別紙遺産目録記載のとおり
特　別　受　益　※2	□ 有　／　□ 無　／　□不明
事前の遺産の一部分割　※3	□ 有　／　□ 無　／　□不明
事前の預貯金債権の行使　※4	□ 有　／　□ 無　／　□不明
申　立　て　の　動　機	□ 分割の方法が決まらない。 □ 相続人の資格に争いがある。 □ 遺産の範囲に争いがある。 □ その他（_____）

（注）太枠の中だけ記入してください。□の部分は該当するものにチェックしてください。
※1　一部の分割を求める場合は，分割の対象とする各遺産目録記載の遺産の番号を記入してください。
※2　被相続人から生前に贈与を受けている等特別な利益を受けている者の有無を選択してください。「有」を選択した場合には，
　　遺産目録のほかに，特別受益目録を作成の上，別紙として添付してください。
※3　この申立てまでにした被相続人の遺産の一部の分割の有無を選択してください。「有」を選択した場合には，遺産目録のほか
　　に，分割済遺産目録を作成の上，別紙として添付してください。
※4　相続開始時からこの申立てまでに各共同相続人が民法909条の2に基づいて単独でした預貯金債権の行使の有無を選択して
　　ください。「有」を選択した場合には，遺産目録【現金，預・貯金，株式等】に記載されている当該預貯金債権の欄の備考欄に
　　権利行使の内容を記入してください。

遺産(1/　　)

この申立書の写しは、法律の定めるところにより、申立ての内容を知らせるため、相手方に送付されます。

当事者目録

□ 申立人　□ 相手方

住所　〒

フリガナ
氏名

被相続人との続柄

大正・昭和・平成・令和　　年　　月　　日生（　　歳）（　　　方）

□ 申立人　□ 相手方

住所　〒

フリガナ
氏名

被相続人との続柄

大正・昭和・平成・令和　　年　　月　　日生（　　歳）（　　　方）

□ 申立人　□ 相手方

住所　〒

フリガナ
氏名

被相続人との続柄

大正・昭和・平成・令和　　年　　月　　日生（　　歳）（　　　方）

□ 申立人　□ 相手方

住所　〒

フリガナ
氏名

被相続人との続柄

大正・昭和・平成・令和　　年　　月　　日生（　　歳）（　　　方）

□ 申立人　□ 相手方

住所　〒

フリガナ
氏名

被相続人との続柄

大正・昭和・平成・令和　　年　　月　　日生（　　歳）（　　　方）

（注）□の部分は該当するものにチェックしてください。

遺産（　／　）

この申立書の写しは，法律の定めるところにより，申立ての内容を知らせるため，相手方に送付されます。

遺 産 目 録（□特別受益目録，□分割済遺産目録）

【土　地】

番号	所　　　　在	地　番	地　目	地　積	備　考
		番		平方メートル	

（注）この目録を特別受益目録又は分割済遺産目録として使用する場合には，（□特別受益目録又は□分割済遺産目録）の□の部分をチェックしてください。また，備考欄には，特別受益目録として使用する場合は被相続人から生前に贈与を受けた相続人の氏名，分割済遺産目録として使用する場合は遺産を取得した相続人の氏名を記載してください。

遺産（　／　）

この申立書の写しは，法律の定めるところにより，申立ての内容を知らせるため，相手方に送付されます。

遺　産　目　録（□特別受益目録，□分割済遺産目録）

【建　物】

番号	所　　　　　在	家屋番号	種類	構造	床面積	備考
					平方メートル	

（注）この目録を特別受益目録又は分割済遺産目録として使用する場合には，（□特別受益目録又は□分割済遺産目録）の□の部分をチェックしてください。また，備考欄には，特別受益目録として使用する場合は被相続人から生前に贈与を受けた相続人の氏名，分割済遺産目録として使用する場合は遺産を取得した相続人の氏名を記載してください。

遺産（　／　）

この申立書の写しは，法律の定めるところにより，申立ての内容を知らせるため，相手方に送付されます。

遺　産　目　録（□特別受益目録，□分割済遺産目録）

【現金，預・貯金，株式等】

番号	品　　　　目	単　位	数　量　（金　額）	備　　考

（注）この目録を特別受益目録又は分割済遺産目録として使用する場合には，（□特別受益目録又は□分割済遺産目録）の□の部分をチェックしてください。また，備考欄には，特別受益目録として使用する場合は被相続人から生前に贈与を受けた相続人の氏名，分割済遺産目録として使用する場合は遺産を取得した相続人の氏名を記載してください。

遺産（　/　）

（裁判所ウェブサイトより転載。）

【資料9-2】 遺産分割審判・調停申立書記載例

〇 遺産分割審判・調停申立書 記入例

この申立書の写しは，法律の定めるところにより，申立ての内容を知らせるため，相手方に送付されます。

受付印 申立書を提出する裁判所 作成年月日	遺産分割 ☑ 調停 申立書 □ 審判
	（この欄に申立て1件あたり収入印紙1,200円分を貼ってください。） 印 紙 （貼った印紙に押印しないでください。）

収入印紙	円
予納郵便切手	円

〇 〇 家庭裁判所 御 中 令和 〇 年 〇 月 〇 日	申 立 人 （又は法定代理人など） の 記 名 押 印	乙 野 春 子 ㊞

添付書類	（審理のために必要な場合は，追加書類の提出をお願いすることがあります。） ☑ 戸籍（除籍・改製原戸籍）謄本（全部事項証明書） 合計 〇 通 ☑ 住民票又は戸籍附票 合計 〇 通　☑ 不動産登記事項証明書 合計 〇 通 ☑ 固定資産評価証明書 合計 〇 通　☑ 預貯金通帳写し又は残高証明書 合計 〇 通 ☑ 有価証券写し 合計 〇 通　□	準 口 頭

当 事 者	別紙当事者目録記載のとおり		
被 相 続 人	最後の 住 所	都 道 〇〇 府 ㊥ 〇〇市〇〇町〇番〇号	
	フリガナ 氏 名	コウヤマ タロウ **甲 山 太 郎**	平成 ㊥ 〇 年 〇 月 〇 日死亡

申 立 て の 趣 旨

☑ 被相続人の遺産の全部の分割の(☑ 調停／□ 審判)を求める。

□ 被相続人の遺産のうち，別紙遺産目録記載の次の遺産の分割の(□ 調停／□ 審判)を求める。※1

【土地】 _____　【建物】 _____

【現金，預・貯金，株式等】 _____

申 立 て の 理 由

遺 産 の 種 類 及 び 内 容	別紙遺産目録記載のとおり		
特 別 受 益 ※2	☑ 有 ／	□ 無 ／	□不明
事前の遺産の一部分割 ※3	☑ 有 ／	□ 無 ／	□不明
事前の預貯金債権の行使 ※4	☑ 有 ／	□ 無 ／	□不明
申 立 て の 動 機	☑ 分割の方法が決まらない。 □ 相続人の資格に争いがある。 □ 遺産の範囲に争いがある。 □ その他 (_____)		

（注） 太枠の中だけ記入してください。□の部分は該当するものにチェックしてください。
※1 一部の分割を求める場合は，分割の対象とする各遺産目録記載の遺産の番号を記入してください。
※2 被相続人から生前に贈与を受けている等特別な利益を受けている者の有無を選択してください。「有」を選択した場合には，
　　遺産目録のほかに，特別受益目録を作成の上，別紙として添付してください。
※3 この申立てまでにした被相続人の遺産の一部の分割の有無を選択してください。「有」を選択した場合には，遺産目録のほか
　　に，分割済遺産目録を作成の上，別紙として添付してください。
※4 相続開始時からこの申立てまでに各共同相続人が民法909条の2に基づいて単独でした預貯金債権の行使の有無を選択して
　　ください。「有」を選択した場合には，遺産目録【現金，預・貯金，株式等】に記載されている当該預貯金債権の欄の備考欄に
　　権利行使の内容を記入してください。

遺産(1/　)

○ 当事者目録 記入例

申立書の写しは相手方に送付されますので，あらかじめご了承ください。

この申立書の写しは，法律の定めるところにより，申立ての内容を知らせるため，相手方に送付されます。

当　事　者　目　録

☑ 相手方 □ 申立人	住　所	〒 ○○○ −○○○○ ○○県○○市○○町○番○号　　　○○アパート○号 （　　　　　　方）		
	フリガナ 氏　　名	オツノ　ハルコ 乙　野　春　子	大正 ⦿昭和 ○ 年 ○ 月 ○ 日生 平成 令和　　　　（　○○　歳）	
	被相続人 との続柄	長　女		
□ 申立人 ☑ 相手方	住　所	〒 ○○○ −○○○○ ○○県○○市○○町○番○号　　　（　　　　　　方）		
	フリガナ 氏　　名	コウヤマ　ハナコ 甲　山　花　子	大正 ⦿昭和 ○ 年 ○ 月 ○ 日生 平成 令和　　　　（　○○　歳）	
	被相続人 との続柄	妻		
□ 申立人 ☑ 相手方	住　所	〒 ○○○ −○○○○ ○○県○○市○○町○番○号　　　（　　　　　　方）		
	フリガナ 氏　　名	コウヤマ　ナツオ 甲　山　夏　夫	大正 ⦿昭和 ○ 年 ○ 月 ○ 日生 平成 令和　　　　（　○○　歳）	
	被相続人 との続柄	長　男		

申立人と相手方（申立人以外の共同相続人全員）の区別を明らかにした上，該当する者全員を記入してください。

裁判所から連絡をとれるように正確に記入してください。ご不明な点があれば，申立書を提出される裁判所にお問い合わせください。

○ 土地遺産目録 記入例

遺　産　目　録（□特別受益目録，□分割済遺産目録）

【土　地】

番号	所　　在	地番		地目	地積	備　考
1	○○県○○市○○町	番 ○	○	宅地	平方メートル ２００　００	建物１の 敷地
2	○○県○○市○○町○丁目	番 ○	○	宅地	平方メートル ６５０　００	建物２の敷地 （持分） 被相続人２分の １，相手方甲山 夏夫２分の１

不動産の登記事項証明書（不動産登記簿謄本）の記載のとおり記入してください。

遺産の全部（不明なもの及び分割済遺産目録に記載するものは除く。）を記入してください。

○ **建物遺産目録 記入例**

─────── 遺　産　目　録（□特別受益目録，□分割済遺産目録）

【建　物】

番号	所　　　　在	家屋番号	種類	構　造	床　面　積		備　考
1	○○県○○市○○町○番○号	○○	居宅	木造瓦葺2階建	平方メートル 1階 50 | 00 2階 45 | 00		
2	○○県○○市○○町○丁目○番○号	○○	店舗兼居宅	木造スレート葺平家建	平方メートル 100 | 00		相手方甲山夏夫が居住（持分） 被相続人2分の1，相手方甲山夏夫2分の1

○ **現金，預・貯金，株式等遺産目録 記入例**

遺　産　目　録（□特別受益目録，□分割済遺産目録）

【現金，預・貯金，株式等】

番号	品　　　目	単　位	数　量（金　額）	備　　考
1	○○銀行○○支店普通預金（番号○○○○○○）		5,000,000円	通帳は相手方甲山花子が保管
2	○○銀行○○支店普通預金（番号○○○○○○）		3,000,000円（相続開始時）	通帳は相手方甲山花子が保管 民法909条の2により相手方甲山花子が50万円取得
3	○○銀行○○支店普通預金（番号○○○○○○）		500,000円（相続開始時）	相続開始後に相手方甲山花子が全額払戻し
4	○○株式会社　株式	50円	8,000株	株券は相手方甲山花子が保管

不動産の登記事項証明（不動産登記簿謄本）の記載のとおり記入してください。未登記の場合には，固定資産評価証明書の記載を参考にして記入してください。

遺産の全部（不明なもの及び分割済遺産目録に記載するものは除く。）を記入してください。

○ 特別受益目録　記入例

被相続人から生前に贈与を受けている等，特別な利益を得ている者がいる場合には，

遺産目録のほかに，「特別受益目録」を作成してください。

遺　産　目　録　(☑特別受益目録，□分割済遺産目録)

【現金，預・貯金，株式等】

生前贈与等の内容を端的に記載してください。

番号	品　　　　目	単　位	数　量　(金　額)	備　　考
1	平成〇年〇月頃の自宅購入資金		5,000,000円	相手方甲山夏夫

生前贈与等を受けた相続人の氏名を記載してください。

○ 分割済遺産目録　記入例

この申立てまでに，被相続人の遺産の一部の分割をしている場合には，

遺産目録のほかに，「分割済遺産目録」を作成してください。

遺　産　目　録　(□特別受益目録，☑分割済遺産目録)

【建　物】

番号	所　　　　在	家屋番号	種類	構　造	床　面　積		備　考
1	（区分所有建物） 〇〇県〇〇市〇〇町〇番〇号 〇〇ハイツ	101	居宅	鉄筋コンクリート造1階建	平方メートル 1階部分 65	00	相手方甲山 花子が取得

遺産を取得した相続人の氏名を記載してください。

（裁判所ウェブサイトより転載。）

【資料10-1】　事情説明書（遺産分割）

東京家庭裁判所家事5部　宛　　　　　　　　令和　　年（家　）第　　　号
　　　　　　　　　　　　　　　　　　　　（期日通知等に書かれた事件番号をお書きください。）

事情説明書（遺産分割）

ふりがな
令和　　年　月　日　　申立人 _____ 印

> この書類は，申立ての内容に関する事項を記載していただくものです。あてはまる事項にチェックを付け（複数可），必要事項を記入の上，申立書とともに提出してください。
>
> なお，調停手続では，この書類は相手方には送付しませんが，相手方から申請があれば，閲覧やコピーが許可されることがあります。審判手続では，相手方に送付しますので，審判を申し立てる方は，相手方人数分のコピーも併せて提出してください。
>
> （代理人弁護士の方へ）本書面は，申立人本人作成，代理人作成のいずれでもかまいません。申立書と重複した内容があっても，お手数ですが記載ください。

第1　遺産分割の前提となる問題についてお聞きします。	
1【遺言書】 　被相続人の遺言書はありましたか？	□　遺言書はなかった。 □　公正証書による遺言書があった。 □　自筆証書による遺言書があった。　⇒下記 ※へ □　分からない。
	※　裁判所による遺言書の検認は受けましたか？ □　検認を受けた。 　（　　　　家庭裁判所　　支部 平成・令和　年（家）第　　　号） □　まだ検認を受けていない。 □　分からない。
2【遺産分割協議】 　相続人間で遺産分割について話し合いましたか？	□　遺産分割の話し合いがまとまった。　⇒下記 ※へ □　遺産分割を話し合ったがまとまらなかった。 □　遺産分割について話し合っていない。
	※　遺産分割協議書を作りましたか？ □　はい　　□　いいえ
3【事前の遺産の一部分割】 　この申立てまでに，被相続人の遺産の一部のみを対象にして，分割をしたことがありますか？	□　はい。　⇒下記 ※へ □　いいえ。
	※　分割の際にどのような書面を作りましたか？ □　裁判所の審判書又は調停調書（事件番号　　　家庭裁判所　　　支部 　平成・令和　　年（家　）第　　　号） □　遺産分割協議書 □　その他（　　　　　　　　　　　　　　　　　　　　　　　　）
4【事前の預貯金債権の行使】 　この申立てまでに，民法909条の2に基づいて預貯金債権を単独で行使した相続人はいますか？	□　はい。　⇒下記 ※へ □　いいえ。
	※　権利行使の内容が分かる文書がありますか？ □　はい。（□金融機関発行の証明書等　□その他（　　　　　　　　）） □　いいえ。
5【相続人の範囲】 　誰が相続人なのか明らかですか？	□　明らかである（申立書の当事者目録のとおりである。）。 □　明らかでない。 　（その人の氏名　　　　　　　　　　　　　　　　　　　　） 　（被相続人との続柄　　　　　　　　　　　　　　　　　　） 　（明らかでない理由　　　　　　　　　　　　　　　　　　）

6【相続人の判断能力】 相続人の中に，認知症や精神障害などがあって，ご自身で物事を判断することが困難な方はいますか？	☐ いない。 ☐ いる。　　（相続人名　　　　　　　　　　　　　）　⇒下記 ※へ ☐ 分からない。
	※ 家庭裁判所で後見人等を選任しましたか？ 　☐ 選任した。 　（　　　　家庭裁判所　　　支部　平成・令和　　年（家）第　　　　号） 　☐ 選任していない。
7【相続人の行方不明】 相続人の中に，行方不明の方はいますか？	☐ いない。 ☐ いる。（相続人名　　　　　　　　　　　　　　）　⇒下記 ※へ
	※ 家庭裁判所で不在者財産管理人を選任しましたか？ 　☐ 選任した。 　（　　　　家庭裁判所　　　支部　平成・令和　　年（家）第　　　　号） 　☐ 選任していない。
8【遺産の範囲】 遺産かどうかはっきりしないものがありますか？	☐ 遺産目録のとおりである。 ☐ 概ね遺産目録のとおりだが，他に遺産かもしれないものがある。 　　それは，次のものです。 [　　　　　　　　　　　　　　　　　　　　　　　　]

遺言書，遺産分割協議書，一部分割の審判書，一部分割の調停調書又は預貯金債権の単独行使の内容が分かる金融機関発行の証明書等をお持ちの方は，初めての期日の1週間前までに，その写しを家事5部宛に郵送又はFAXして下さい。

第2　被相続人についてお聞きします。	
1　被相続人の死亡原因と死亡までの状態（入院していたとか寝たきりであったなど）をお書きください。	死亡原因　　　（　　　　　　　　　　　　　　　　　） 　　年　　月まで　（　　　　　　　　　　　　　　　　　） 　　年　　月まで　（　　　　　　　　　　　　　　　　　） ☐ 分からない。
2　被相続人と同居していた相続人はいますか？	☐ いない。 ☐ いる。　（その相続人の名前　　　　　　期間　　年　　か月） ☐ 分からない。
3　被相続人の身の回りの面倒をみていた相続人はいますか？	☐ いない。 ☐ いる。　（その相続人の名前　　　　　　期間　　年　　か月） ☐ 分からない。
4　被相続人はどのように生計をたてていましたか？	☐ 自己の収入で生計を立てていた。 ☐ 相続人（　　　　　　　　　　　　　）が扶養していた。 ☐ その他（　　　　　　　　　　　　　　　　　　　　） ☐ 分からない。
5　被相続人の生前，同人から不動産や多額の金銭の贈与を受けた相続人はいますか？	☐ いない。 ☐ いる。　（その相続人の名前　　　　　内容　　　　　　） ☐ 分からない。
6　被相続人に債務がありますか？	☐ ない。 ☐ ある。（内容　　　　　　　　　残債務額　　　　　　） ☐ 分からない。

第3　今回の申立てについてお聞きします。

1　調停・審判を申し立てるまでのいきさつを教えてください。（該当するもの全てにチェックしてください。）	□　遺産分割の話し合いをした。　⇒下記 ※へ □　遺産分割の話し合いをしなかった。 　（理由　　　　　　　　　　　　　　　　　　　　　　　　　　　） ※　なぜ話し合いがまとまらなかったと思いますか？　　*複数回答可 　□　【遺言書の有効性】を巡って争いになってしまったから。 　□　【遺産分割協議書の有効性】を巡って争いになってしまったから。 　□　【相続人の範囲】を巡って争いになってしまったから。 　□　【遺産の範囲】を巡って争いになってしまったから。 　□　感情的に対立してしまい，話にならなかったから。 　□　話し合いに応じなかったり，避けたりしている相続人がいるから。 　□　被相続人の債務や税金・葬儀費用等の分担を巡って争いになってしまったから。 　□　使途不明金など過去の管理状況を巡って争いになってしまったから。 　□　遺産を独占しようとしたり，法定相続分を超える遺産を取得しようとしたりする相続人がいたから。 　□　代償金をいくら払うかで揉めたから。 　□　誰が何を取得するかで揉めたから。 　□　その他（　　　　　　　　　　　　　　　　　　　　　　　　） 　□　分からない。
2　主に争いがあるのは，どの相続人（もしくはグループ）の間ですか？	□　分からない。 □　（　　　　　　　　　）ＶＳ（　　　　　　　　）ＶＳ（　　　　　　　）
3【この欄は，申立ての趣旨が一部分割申立ての場合に記入してください。】 遺産の一部の分割を求める理由をお書きください。	【理由】 [

第4　分割方法についてお聞きします。

あなたの希望する分割方法についてお書きください。	□　現物の取得を希望する。（遺産目録の番号をお書きください。） 【土地】番号　　　　【建物】番号　　　　　【　　　】番号 取得を希望する理由： □　金銭で欲しい。 □　まだ決めていない。

【資料10-2】 答弁書（遺産分割）

東京家庭裁判所家事5部　宛

令和　　年（家イ）第　　　　号
（期日通知等に書かれた事件番号をお書きください。）

答弁書（遺産分割）

令和　　年　月　日　相手方　ふりがな＿＿＿＿＿＿＿＿＿　印

> この書類は，申立人が作成した申立書に関するあなたの考えと本件遺産分割に関する事情を記載していただくものです。あてはまる事項にチェックをつけ（いくつでも可），空欄には具体的に記入して，初めての期日の1週間前までに，家事5部宛に郵送又はＦＡＸで提出してください。
>
> なお，この書類は，申立人から申請があれば閲覧させたりコピーさせたりすることがあります。
>
> （代理人弁護士の方へ）本書面は、相手方本人作成，代理人作成のいずれでもかまいません。

第1　遺産分割の前提となる問題についてお聞きします。

1【遺言書】 被相続人の遺言書はありましたか？	□ 遺言書はなかった。 □ 公正証書による遺言書があった。 □ 自筆証書による遺言書があった。　⇒下記 ※へ □ 分からない。 ※ 裁判所で遺言書の検認を受けましたか？ 　□ 検認を受けた。 　（　　　家庭裁判所　　　支部　平成・令和　　年（家）第　　　　号） 　□ まだ検認を受けていない。 　□ 分からない。
2【遺産分割協議】 相続人間で遺産分割について話し合いましたか？	□ 遺産分割の話し合いがまとまった。　⇒下記 ※へ □ 遺産分割を話し合ったがまとまらなかった。 □ 遺産分割について話し合っていない。 ※ 遺産分割協議書を作りましたか？ □ はい　　　　　□ いいえ
3【事前の遺産の一部分割】 この申立てまでに，被相続人の遺産の一部のみを対象にして，分割をしたことがありますか？	□ はい。　⇒下記 ※へ □ いいえ。 ※ 分割の際にどのような書面を作りましたか？ □ 裁判所の審判書又は調停調書（事件番号：　　　家庭裁判所　　　支部 　平成・令和　　年（家　　）第　　　　号） □ 遺産分割協議書 □ その他（　　　　　　　　　　　　　　　　　　　　　　　　　）
4【事前の預貯金債権の行使】 この申立てまでに，民法909条の2に基づいて預貯金債権を単独で行使した相続人はいますか？	□ はい。　⇒下記 ※へ □ いいえ。 ※ 権利行使の内容が分かる文書がありますか？ □ はい。（□金融機関発行の証明書等　□その他（　　　　　） □ いいえ。
5【相続人の範囲】 相続人は，同封の相続関係図に記載されているとおりですか？	□ 相続関係図のとおりで間違いない。 □ 相続関係図に相続人ではない人が記載されている。 　（その人の氏名　　　　　　　　　　　　　　　　　　　） □ 相続関係図に書かれていないが，他にも相続人がいる。 　（その人の氏名　　　　　　　　　　　　　　　　　　　） 　（被相続人との続柄　　　　　　　　　　　　　　　　　） □ 分からない。
6【相続人の判断能力】 相続人の中に，認知症や精神障害などがあって，ご自身で物事を判断することが困難な方はいますか？	□ いない。 □ いる。（相続人名　　　　　　　　　　　）　⇒下記 ※へ □ 分からない。 ※ 家庭裁判所で後見人等を選任しましたか？ □ 選任した。 　（　　家庭裁判所　　　支部　平成・令和　　年（家）第　　　　号） □ 選任していない。

7【相続人の行方不明】 相続人の中に，行方不明の方はいますか？	☐　いない。
	☐　いる。（相続人名　　　　　　　　　　　　　　　　）⇒下記 ※へ
	※　家庭裁判所で不在者財産管理人を選任しましたか？ 　　☐　選任した。 　　（　　　　　　家庭裁判所　　　支部　平成・令和　　年（家）第　　　　　号） 　　☐　選任していない。
8【遺産の範囲】 遺産は申立書の遺産目録記載のとおりですか？	☐　遺産目録のとおりである。
	☐　次のものは遺産ではない。（遺産目録に書かれた番号をお書きください。） 　　【土地】番号　　　　　【建物】番号　　　　　　【　　　】番号
	☐　次のものも遺産である。 [[

遺言書，遺産分割協議書，一部分割の審判書，一部分割の調停調書又は預貯金債権の単独行使の内容が分かる金融機関発行の証明書等をお持ちの方は，初めての期日の1週間前までに，その写しを家事5部宛に郵送又はFAXして下さい。

第2　被相続人についてお聞きします。	
1　被相続人の死亡原因と死亡までの状態（入院していたとか寝たきりであったなど）をお書きください。	死亡原因　　（　　　　　　　　　　　　　　　　） 　　年　　月まで（　　　　　　　　　　　　　　　　） 　　年　　月まで（　　　　　　　　　　　　　　　　） ☐　分からない。
2　被相続人と同居していた相続人はいますか？	☐　いない。 ☐　いる。（その相続人の名前　　　　　　期間　　年　　か月） ☐　分からない。
3　被相続人の身の回りの面倒をみていた相続人はいますか？	☐　いない。 ☐　いる。（その相続人の名前　　　　　　期間　　年　　か月） ☐　分からない。
4　被相続人はどのように生計をたてていましたか？	☐　自己の収入で生計を立てていた。 ☐　相続人（　　　　　　　　　　　　　　）が扶養していた。 ☐　その他（　　　　　　　　　　　　　　　　　　　） ☐　分からない。
5　被相続人の生前，同人から不動産や多額の金銭の贈与を受けた相続人はいますか？	☐　いない。 ☐　いる。（その相続人の名前　　　　　内容 ☐　分からない。
6　被相続人に債務がありますか？	☐　ない。 ☐　ある。（内容　　　　　　　　　残債務額　　　　　　　　） ☐　分からない。

第3　今回の申立てについてお聞きします。	
1　調停が申し立てられるまでのいきさつを教えてください。（該当するもの全てにチェックしてください。）	□　遺産分割の話し合いをした。　　　⇒下記 ※へ □　遺産分割の話し合いをしなかった。 　　（理由　　　　　　　　　　　　　　　　　　　　　　　　） ※　なぜ話し合いがまとまらなかったと思いますか？　　＊複数回答可 　□　【遺言書の有効性】を巡って争いになってしまったから。 　□　【遺産分割協議書の有効性】を巡って争いになってしまったから。 　□　【相続人の範囲】を巡って争いになってしまったから。 　□　【遺産の範囲】を巡って争いになってしまったから。 　□　感情的に対立してしまい，話にならなかったから。 　□　話し合いに応じなかったり，避けたりしている相続人がいるから。 　□　被相続人の債務や税金・葬儀費用等の分担を巡って争いになってしまったから。 　□　使途不明金など過去の管理状況を巡って争いになってしまったから。 　□　遺産を独占しようとしたり，法定相続分を超える遺産を取得しようとしたりする相続人がいたから。 　□　代償金をいくら払うかで揉めたから。 　□　誰が何を取得するかで揉めたから。 　□　その他（　　　　　　　　　　　　　　　　　　　　　　　　） 　□　分からない。
2　主に争いがあるのは，どの相続人（もしくはグループ）の間ですか？	□　分からない。 □　（　　　　　　　　）ＶＳ（　　　　　　　　）ＶＳ（　　　　　　　　）

第4　分割方法についてお聞きします。	
1　【この欄は，申立ての趣旨が一部分割申立ての場合に記入してください。】 　分割の対象とする遺産は，申立ての趣旨のとおりでよいですか。	一部分割申立て：今回の分割の対象とする遺産の範囲について，あなたの希望をお書きください。 □　申立ての趣旨のとおりでよい。 □　次のものも今回で分割を求める。 　　□　遺産全部 　　□　遺産目録の番号をお書きください。 　　　　【土地】番号　　　　【建物】番号　　　　【　　】番号
2　あなたの希望する分割方法についてお書きください。	□　現物の取得を希望する。（遺産目録の番号をお書きください。） 　　【土地】番号　　　　【建物】番号　　　　【　　】番号 　取得を希望する理由： 　[　　　　　　　　　　　　　　　　　　　　　　　　　　　] □　金銭でほしい。 □　取得を希望しない。⇒□　被相続人の遺産について，全部の取得を希望しない。 　　　　　　　　　　　　　□　相続分を相続人　　　　　　に譲り渡したい。 　　　　　　　　　　　　　□　相続分を他の相続人で分けてよい。 　　　　　　　　　⇒□　本件が一部分割申立ての場合：一部分割の対象遺産については，取得を希望しない。 □　まだ決めていない。

【資料11】　申立ての趣旨拡張の調書案

裁判官認印

第〇回期日調書

事 件 の 表 示　令和　　年（家イ）第　　　　　　号遺産分割申立事件

期　　　　　　　日　令和　　年　　月　　日午　　時　　分

場　　所　　等　東 京 家 庭 裁 判 所

裁　　判　　官　○　　○　　○　　○

家 事 調 停 委 員　○　　○　　○　　○

家 事 調 停 委 員　○　　○　　○　　○

裁 判 所 書 記 官　○　　○　　○　　○

出頭した当事者等　申立人手続代理人　　○　　○　　○　　○

　　　　　　　　　相　　手　　方　○　　○　　○　　○

次　回　期　日　令和○年○月○日午　○時○分

次々回　期　日　令和○年○月○日午　○時○分

手　続　の　要　領　等

申立人

　　申立ての趣旨を，「被相続人の遺産の全部の分割の調停を求める」と，変更する。

裁判所書記官　○　○　○　○

【資料12】　申立ての趣旨変更（拡張）の申立書案

令和〇〇年(家イ)第〇〇〇〇号

令和〇〇年〇〇月〇〇日

申立ての趣旨変更申立書

東京家庭裁判所家事第5部　御中

申立人　　　　　　　　　　印

　頭書事件について，申立ての趣旨を，被相続人の遺産の全部の分割の調停を求めると変更する。

特別の寄与に関する運用

〔特別の寄与〕

民法第1050条　被相続人に対して無償で療養看護その他の労務の提供をしたことにより被相続人の財産の維持又は増加について特別の寄与をした被相続人の親族（相続人，相続の放棄をした者及び第891条の規定に該当し又は廃除によってその相続権を失った者を除く。以下この条において「特別寄与者」という。）は，相続の開始後，相続人に対し，特別寄与者の寄与に応じた額の金銭（以下この条において「特別寄与料」という。）の支払を請求することができる。

2　前項の規定による特別寄与料の支払について，当事者間に協議が調わないとき，又は協議をすることができないときは，特別寄与者は，家庭裁判所に対して協議に代わる処分を請求することができる。ただし，特別寄与者が相続の開始及び相続人を知った時から6箇月を経過したとき，又は相続開始の時から1年を経過したときは，この限りでない。

3　前項本文の場合には，家庭裁判所は，寄与の時期，方法及び程度，相続財産の額その他一切の事情を考慮して，特別寄与料の額を定める。

4　特別寄与料の額は，被相続人が相続開始の時において有した財産の価額から遺贈の価額を控除した残額を超えることができない。

5　相続人が数人ある場合には，各相続人は，特別寄与料の額に第900条から第902条までの規定により算定した当該相続人の相続分を乗じた額を負担する。

1　改正の趣旨

(1)　問題の背景

被相続人に対して療養看護等の貢献をした者が相続財産から分配を受けることを認める制度としては寄与分の制度があるが，改正前民法においては，寄与分は，相続人にのみ認められているため，例えば，相続人の妻が，被相続人（夫の父）の療養看護に努め，被相続人の財産の維持又は増加に寄与した場合であっても，遺産分割手続において，相続人でない妻が寄与分を主張したり，あるいは何らかの財産の分配を請求したりすることはできないという問題があった。

実務においては，上記問題に対しては，夫の寄与分の中で妻の寄与行為を考慮することで解決を図っていた（東京家審平成12年3月8日家月52巻8号35頁等）。

しかし，推定相続人である夫が被相続人よりも先に死亡した場合には，上記裁判例の考え方によっても，相続人が存在しない

ため，妻の寄与行為を考慮することができ
ず，不公平な結果となる。

(2) 相続人以外の者の貢献を考慮するための法的手段

相続人以外の者の貢献を考慮するための
法的手段として，①特別縁故者の制度，②
準委任契約に基づく請求，③事務管理に基
づく費用償還請求，④不当利得返還請求が
考えられる。しかし，①の特別縁故者の制
度は，相続人が存在する場合には用いるこ
とができないし，②から④の請求のいずれ
についても，その成立が認められない場合
や，成立するとしてもその証明が困難な場
合があり得る等の問題がある（『一問一答』
176〜178頁，『概説』160，161頁）。

(3) 改正相続法

そこで，改正相続法は，相続人ではない
者（相続人の配偶者等）が被相続人の療養
看護に努めるなどの貢献を行った場合に，
上記のような貢献をした者に対して，一定
の財産を分け与えることが被相続人の推定
的意思に合致する場合も多いと考えられる
ことから，相続人ではない被相続人の親族
が，相続人に対して，その貢献に応じた額
の金銭（特別寄与料）の支払を請求するこ
とができるとする特別の寄与の制度（民
1050条）を新設し，前記貢献をした者が遺
産の分配を受けることができないという不
公平を解消させることとした。

なお，特別の寄与に関する規定は，令和
元年7月1日から施行され，施行日前に開
始した相続については，改正前の法律が適
用される（附則2条）。

2　内容

(1) 特別寄与料請求権の法的性質

合目的的に裁量権を行使する形成的処分
（寄与分につき最決昭和60年7月4日家月38
巻3号64頁）であり，特別の寄与や相続開
始といった要件が満たされることにより未
確定の権利が生じるが，具体的な権利は協
議又は審判によって初めて形成されること
となる（法制審部会資料22-2，35頁）。

(2) 要件【資料13-1】

ア　被相続人の親族

(ア) 請求権者は，相続人以外の被相続
人の親族（六親等内の血族，配偶者，三親等
内の姻族（民725条））である。

ただし，相続放棄をした者，相続人の欠
格事由に該当する者（民891条）又は廃除
によってその相続権を失った者を除く。

請求権者の範囲を被相続人の親族に限定
したのは，内縁の配偶者や同性のパート
ナー等についても請求権者の範囲に含める
とすると，その該当性をめぐって当事者間
で主張立証が繰り返されるなどして相続を
めぐる紛争がいっそう複雑化，長期化する
おそれがあるからである（『一問一答』180，
181頁，『概説』165頁）。

(イ) 「被相続人の親族」に当たるか否
かを判断する基準時は，被相続人の相続開
始時とするのが相当である。そうすると，
離婚により，被相続人の相続開始時には親
族でなくなっていた者は，特別寄与料の請
求権者ではないことになるが，このような
結論は，被相続人の意思及び特別寄与料の
請求権者を親族に限定した趣旨に沿うもの
と考えられる。

イ　無償で療養看護，その他の労務を
　　提供したこと

療養看護は，「労務の提供」の例示として挙げられているものであり，寄与行為の態様は，「労務の提供」に限定され，被相続人に対する財産上の給付は，対象となっていない。そうすると，対象となる主な寄与行為の類型は，療養看護型及び家業従事型になると考えられる。

なお，「財産管理型」の寄与も，労務の提供と評価される場合であれば，特別の寄与の対象になることも考えられるが，財産出資型の寄与は排除される。

ウ　被相続人の財産の維持又は増加

エ　イとウの因果関係

オ　特別の寄与

(ア)　寄与分における「特別の寄与」という文言は，被相続人と相続人の身分関係に基づいて通常期待される程度の貢献を超える高度なものであることを意味すると解されている。他方，特別寄与者は，相続人ではなく，被相続人に対して民法上の義務を負わない者も含まれていることから，特別の寄与制度における「特別の寄与」とは，「通常期待される程度の貢献」との対比ではなく，その者の貢献に報いるのが相当と認められる程度の顕著な貢献があったことを意味するものと解すべきである。

(イ)　「特別の寄与」の認定に当たり，被相続人との身分関係等（例えば，被相続人の親の場合と従兄妹の場合）によって，認定基準に違いが生じるのかということも問題となり得るが，上記のような考え方を踏まえると，認定基準に特段の違いはないと解するのが相当である。

(ウ)　対象となる寄与行為は，相続開始時までのものである。

(3)　権利行使期間

ア　権利行使期間の制限

家庭裁判所に対する調停・審判の申立ては，①特別寄与者が相続の開始及び相続人を知った時から6か月以内及び②相続開始の時から1年以内にしなければならない（民1050条2項，いずれも除斥期間）。

イ　相続人が複数いる場合の取扱い

相続人が複数いる場合には，特別寄与者は，その選択に従い，相続人の一人又は数人に対して特別寄与料の支払を請求することができる。これは，必ず相続人の全員に対して請求しなければならないとすると，特別寄与者が権利を行使することが困難になるおそれがあり，また，特別寄与者の配偶者等金銭請求をする必要のない相続人も相手方としなくてはいけないという不都合があるからである。

ウ　権利行使の手続

特別の寄与に関する処分については，寄与分における規律（民904条の2第4項）とは異なり，遺産分割手続から独立しており，特別寄与者は，遺産分割に関する事件が家庭裁判所に係属していない場合であっても，家庭裁判所に対して特別寄与料の額を定めることを請求することができる（『一問一答』193，194頁，『概説』171頁）。

3　特別寄与料の額

(1)　特別寄与料の支払

特別寄与料の支払については，一次的には当事者間の協議により決められることになるが，当事者間に協議が調わないとき又は協議をすることができないときは，特別

寄与者は，家庭裁判所に対して協議に代わる処分を請求することができる（民1050条2項）。

(2)　特別寄与料の額

特別寄与料の額については，被相続人が相続開始の時に有していた財産の価額から遺贈の価額を控除した残額を超えることができない（民1050条4項）。これは，相続人が相続財産から受ける利益を超えて特別寄与料の支払義務を負うことになるのは相当ではないという考慮に基づくものであり，民法904条の2第3項に定める寄与分の上限額と同様の規律である（【資料13-2】）。

(3)　相続分に応じた負担

特別の寄与の制度は，被相続人の財産の維持又は増加について特別の寄与をした者がいる場合には，その者にも相続財産の分配に与ることを認めることが実質的公平の理念に適うとの考えに基づくものであり，特別寄与料は，本来は，相続財産が負担すべき性質のものである。そうすると，各相続人は，特別寄与者の貢献によって維持又は増加した相続財産をその相続分に従って承継しているのであるから，相続財産に関する負担である特別寄与料も相続分に応じて負担すべきものと考えられる。このような観点から，相続人が複数いる場合には，各相続人は特別寄与料の額にその相続人の相続分を乗じた額を負担することとしている（民1050条5項）（【資料13-3】）。

また，各相続人は，相続分の指定がされていないときは法定相続分により，相続分の指定がされているときは指定相続分の割合により，特別寄与料の支払義務を負担する。これは，相続分の指定がされている場合には，各相続人がその指定相続分に応じて特別寄与料を負担するのが相続人間の公平に適うものと考えられ，また，これにより，相続分の指定により一切財産を相続しない者が特別寄与料の支払義務のみを負担することを避けるためである。

4　特別寄与料の額の算定方法

(1)　家庭裁判所の考慮事項

寄与の時期，方法及び程度，相続財産の額その他一切の事情を考慮して，特別寄与料の額を定める（民1050条3項）。

そこで考慮される一切の事情には，上記のもののほか，相続債務の額，被相続人による遺言の内容，各相続人の遺留分，特別寄与者が生前に受けた利益（対価性を有するものを除く。）等が含まれるものと考えられる（【資料13-4】）。

なお，相続債務の額は，一切の事情として考慮されるところ，相続財産が債務超過であることは，特別寄与料の請求を否定する方向に働く事情と考えられる。

(2)　特別寄与料の額の算定方法

ア　算定の目安

寄与分における算定方法が参考になり，療養看護型の場合，被相続人が「要介護度2」以上の状態にあることが一つの目安になる。そして，寄与分算定の実務においては，相続人は，看護や介護の専門家ではないこと等の事情を考慮し，裁量割合として，通常は，0.5から0.8程度の間で適宜修正されており，0.7あたりを平均的な数値（『遺産分割』360頁）とし，前記裁量割合を乗じて減額している。

(例)　療養看護型の寄与分＝介護報酬相当額×療養看護の日数×裁量割合（0.5〜

0.8）

イ 裁量割合

そこで，特別の寄与の場合に，この裁量割合をどのように考えるかが問題となるが，そもそも上記寄与分における裁量割合は0.5〜0.8と幅があるものであることからすれば，特別の寄与の場合も，上記裁量割合の幅の範囲で，特別寄与者が，扶養義務を負っていない等の事情や介護の専門家ではないこと，その他寄与行為の態様などの個別具体的な事情を考慮して裁量割合を定めるのが相当である。

5 調停手続

(1) 申立て段階

ア 管轄

請求をする相手方である相続人（相手方が複数いる場合は，そのうちの一人）の住所地を管轄する家庭裁判所又は当事者が合意で定める家庭裁判所（家事法245条）である。

なお，寄与分の調停と異なり，特別の寄与事件の管轄は，遺産分割調停事件が係属している裁判所の管轄に属することにはならないので，遺産分割の調停事件と管轄裁判所が同一であるとは限らないことになる。したがって，両事件を同一の裁判所で進行させるのが相当と考えられる場合には，自庁処理や移送を検討することとなる。

イ 併合

法律上は，遺産分割事件との併合や，他の相続人に対する特別の寄与に関する処分の事件の併合審理は求められておらず，家庭裁判所の裁量において併合の当否を判断することとなる。

民法1050条3項において，特別寄与料の額を定めるに当たっては，相続財産の額も考慮することとされていること，また，特別寄与料の額についての判断は，各相続人ごとに同一になる方が望ましいことからすれば，特別の寄与事件と，遺産分割事件又は他の相続人に対する特別の寄与の事件とを併合することが，適切な判断及び事件の円滑な処理に資する場合が多いと考えられる。

他方，特別の寄与の申立てにつき，例えば相続財産の範囲・額に争いがなく，相手方も申立人の寄与行為について認めていることがうかがわれるなど，早期に調停が成立すると想定される場合，又は特別の寄与がないことが明らかであるなど，請求が認められないと考えられる場合には，併合しないで単独で進めることが相当と考えられる。

ウ 当事者

申立人　相続人以外の被相続人の親族（ただし，相続放棄をした者，欠格事由該当者又は廃除によってその相続権を失った者を除く。）

相手方　被相続人の相続人，相続分譲受人，包括受遺者

エ 申立手数料

申立人1名につき1200円（収入印紙）（民訴費3条1項別表第1の15項の2）

オ 申立書（【資料14】）の記載事項

(ア) 申立人が被相続人の親族であり，相手方が被相続人の相続人であること（家事法49条2項及び家事規則37条1項）

(イ) 特別の寄与の時期，方法及び程度その他の特別の寄与の実情

(ウ) 相続の開始及び相続人を知った年

月日（(イ)，(ウ)につき家事規則127条，116条の２）

カ　事情説明書の記載事項等（下記(ア)，(イ)は遺産分割事件が先行して係属していない場合）

(ア)　被相続人の遺産（申立人の把握している範囲を記載した遺産目録の提出をできる限り求める。）

(イ)　被相続人の遺産分割及び本件以外の特別寄与料の各審判又は調停事件の表示

(ウ)　特別の寄与の類型をチェック式で記入してもらう。

上記(ア)は，特別寄与料の額を定めるに当たって相続財産の額が考慮事情であることから，被相続人の遺産を早期の段階で把握しておくために必要である。また，上記(イ)の記載を求めることにより，申立てのあった事件との関連事件を把握しておくことは，併合の当否を判断することや調停の進行上有益と考えられる。

なお，家事第５部においては，申立人から相続関係図が提出されない場合には，受付担当書記官あるいは事件担当書記官において，提出された戸籍等に基づいて相続関係図を作成することとしている。【資料15－1，2】の事情説明書及び答弁書はこのような取扱いを前提としたものである。

なお，庁の実情によりこのような取扱いを行わない場合においては，【資料15-3，4】のような書式を用いることも考えられる。

キ　添付書類

(ア)　申立人，相手方の戸籍謄本（全部事項証明書）

(イ)　被相続人の死亡の記載のある戸籍（除籍，改製原戸籍）謄本（全部事項

証明書）

※　なお，相続人全員の戸籍謄本の追加提出を求めることもあり得る。

(2)　進行段階

ア　主張及び資料の提出

(ア)　申立人において，寄与の時期，方法及び程度について具体的な主張及び裏付資料を提出する。

必要な資料については，寄与分における家業従事型，療養看護型等の提出資料が参考となる。具体的には，「特別の寄与　主張のポイント（療養看護型）」及び「特別の寄与　主張のポイント（家業従事型）」と記載例【資料16－1，16－2，17－1，17－2】を参考にされたい。

(イ)　主に相手方において，相続財産の額，他の共同相続人の有無を明らかにし，その裏付け資料を提出する（相続財産を把握する資料として，相続税の申告書，相続財産の裏付け資料（相続債務についての資料を含む。），遺産分割協議書，遺言書等。）。

(ウ)　ツールの活用について

「特別の寄与　主張のポイント（療養看護型）」，「同（家業従事型）」，主張整理表，記載例（【資料16－1，16－2，17－1，17－2】）を活用することが有用であろう。

第１回の期日において，調停委員が，申立人から，特別の寄与の主張内容について具体的に聴取し，ツールの使い方を説明した上で，申立人の主張内容に該当するツールを交付するのが相当と思われる。

なお，申立人に代理人がついている場合には，申立て時に上記ツールを交付し，第１回期日までに主張整理表を作成してきてもらう運用も考えられる。

イ　特別の寄与事件が単独で係属している場合の進行

（ア）　相続財産及びその評価額

遺産分割と併合されていない場合には，相続財産（相続債務も含む。）及びその評価額を明らかにすることが容易ではない場合も想定される。

しかしながら，①「相続財産の額」が，「寄与の時期」などと並列の考慮事情として定められており（民1050条3項），相続債務の額も考慮すべき「一切の事情」に含まれると考えられること，②特別寄与料の額は，相続財産の価額から遺贈の額を控除した残額を超えることができない（同条4項）とされており，「相続財産の額」が特別寄与料の額の上限を画する意味を有していることからすれば，相続財産の範囲や評価，相続債務の額については，少なくとも特別寄与料の額を定めるために必要な程度で明らかにならなければ判断できない。したがって，相続財産の範囲等について，当事者双方は，上記の点が明らかになるように主張，立証に努める必要がある（なお，相続財産の範囲については，特別寄与料請求権を定めるに当たっての考慮事情の一つであり，前提問題ではないことからすれば，相続財産の範囲の確認訴訟の提起については，確認の利益の点で疑問がある。）。

また，相続財産の評価額が不明な場合について，鑑定に付すことは可能であるが，時間や費用の点に照らし合理的ではない場合が多いと考えられ，当事者から提出された当該不動産の査定書や路線価等で合意を目指す方向で進めるのが相当である。

（イ）　相続人の範囲に争いがある場合

相続人が数人ある場合には，各相続人は，特別寄与料の額に法定相続分ないし指定相続分の規定により算定した相続分を乗じた額を負担する（民1050条5項）とされていることから，相続人の範囲に争いがある場合には，相続分が確定せず，当該相手方が負担すべき特別寄与料の額が定まらないことになる。

この場合，最終的には，人事訴訟等の判決によって定められた相続人の範囲を基に，特別寄与料を定めることになると考えられるが，上記判決の確定を待つと紛争の解決が遅延することが想定される。したがって，相続人の範囲に争いがある状況を踏まえた上で，申立人と相手方の間で早期に合意ができないかを検討するのが相当な場合が多いと考えられる（なお，人事訴訟等が提起された場合においても，特別の寄与には除斥期間の定めがあるので，同事件の取下げについては慎重な検討が必要である。）。

ウ　遺産分割事件と同時に係属している場合の進行

（ア）　特別の寄与事件について，早期の調停成立が見込めそうな事案の場合は，特別の寄与事件を先行して進めることが考えられる（なお，このような場合，遺産分割事件と併合するか否かが問題となるが，併合しない場合には，特別の寄与事件において，戸籍等の資料が十分に提出されているかを確認しておく必要がある。場合によっては，一旦併合した上で，審理の段階に応じて分離することも考えられる。）。特別寄与料の支払義務を負う金額が先行して確定されれば，相続人間の遺産分割の紛争解決を促進することにもなると思われる。

（イ）　特別の寄与事件についても紛争性が高い事案の場合には，両事件を併合した

上で，遺産分割事件における遺産の範囲や評価等を明らかにし，その結果を考慮しながら，特別の寄与についての協議も本格化させるという進行が考えられる。その理由は，①特別の寄与の考慮事情である相続財産については，遺産分割における遺産の範囲及び評価が確定することによって明らかになるといえること，また②遺産分割の調停の当初から特別の寄与についての協議を本格化させると，当事者間の感情的な対立を深めてしまい，段階的進行モデルに沿った遺産分割事件の進行に支障が生じることが懸念されることが挙げられる。

　(ｳ)　ただし，遺産分割事件において，遺産の範囲等の前提問題が争われ，民事訴訟が提起されるような場合については，遺産分割事件の進行を待つのは相当ではない場合が多いと考えられる。なぜなら，特別の寄与事件の進行について，上記訴訟が確定するのを待つと，解決までに時間を要する上，上記訴訟が提起された場合，遺産分割事件は取下げとなることがほとんどであるが，特別の寄与事件については，除斥期間があることから，取り下げずに審理が止まっているのにもかかわらず，事件が係属したままになる可能性が高い。そして，特別の寄与事件においては，相続財産や相続債務は考慮すべき事情という位置付けであり，遺産の範囲が正確に確定していなくても特別寄与料の判断が可能な場合も多いと考えられることも考慮すれば，特別の寄与の調停事件のみを単独で先行させて解決するように努めるのが相当である。

(3)　終局段階

ア　調停の成立（調停条項例）

調　停　条　項

　相手方は，申立人に対し，特別寄与料として〇万円を支払うこととし，これを令和〇年〇月〇日限り，申立人の指定する口座に振り込んで支払う。

イ　申立ての取下げ

　調停事件が終了するまで，その全部又は一部を取り下げることができる（家事法273条1項）。

　なお，取下げがあった部分については，初めから係属していなかったものとみなされる（家事法273条2項，民訴法262条1項）ことから，除斥期間の定めがある特別の寄与事件の取下げについては慎重な検討が必要である。

6　審判手続

(1)　管　轄

　相続開始地（被相続人の最後の住所地）の家庭裁判所（家事法216条の2）又は当事者が合意で定める家庭裁判所（家事法66条1項）である。

(2)　併　合

　遺産分割事件や他の相続人に対する特別の寄与の事件と併合することは必要的ではないが，特別の寄与の主張内容やその根拠等を検討した上で，併合の当否を判断する

こととなる。

(3) 進　行

　親族間における紛争をできる限り円満に解決するという要請は，特別の寄与事件においても同様であると考えられることからすれば，調停に付して（家事法274条１項），調停を先行させることが相当な場合が多いと想定される。

(4) 主文等

　家庭裁判所は，特別の寄与に関する処分の審判において，当事者に対し，金銭の支払を命ずることができる（家事法216条の３）とされている。

　具体的には，「相手方は，申立人に対し，〇万円を支払え。」という主文になる。

【注意点】

　「申立人の特別寄与料の額を〇万円と定める。」のような主文を定めると，特別寄与者の請求権の全相続人に対する総額の決定が審判事項であることになり，一人の相続人に対して行われた審判が他の相続人との関係で効力を持ってしまうことになりかねない。したがって，各相続人に対する個別の請求権の決定のみを審判事項として主文に掲げるべきである（法制審部会第22回議事録35頁）。

---

(5) 不服申立て

　①特別の寄与に関する処分の審判については，申立人及び相手方が，②特別の寄与に関する処分の申立てを却下する審判については，申立人が，それぞれ即時抗告をすることができる（家事法216条の４）。

(6) 申立ての取下げ

　審判がされた後，審判が確定するまでの間は，相手方の同意を得なければ効力が生じないが，審判がされるまでの間は，相手方の同意を得ることなく取下げをすることが可能である（家事法82条２項）。

7　考えられる問題点

(1) 財産権との重複行使の可否

　特別の寄与の行為者について，準委任契約等の財産法上の請求権が成り立ち得る場合でも，特別寄与料の申立てをすること自体は否定されない（ただし，二重取りは許されない。）。

(2) 遺産分割との関係

　特別の寄与事件は，遺産分割事件と別個独立の事件である。

　また，特別の寄与者から請求を受ける前に行われた遺産分割は，特別の寄与の請求によっては，その効力に影響を受けない。

(3) 除斥期間を徒過した申立ての扱い

ア　調停申立ての場合

　受付段階で，申立人に対し，期間を徒過していることを伝えるが，それでも申立てを維持する場合には，徒過した事由を記載した上申書の提出を促すなどした上で，進行については，担当裁判官の判断によることになると思われる。

　具体的には，上申書の記載から，相手方が調停で応じる可能性があると判断される場合や，申立期間を徒過したことについて汲むべき事情があるとうかがわれる場合には，期日指定をして調停手続を進める（ただし審判移行はしない。）という運用も考えられる。

　他方で，特別の寄与については，法律関係の早期安定を図るという要請が強いことからすれば，相手方が不出頭の可能性が極

めて高い場合や，申立て前の当事者間の交渉等からおよそ調停で合意する見込みがない（相続人の範囲に争いがある，除斥期間を理由に特別寄与料を支払わないと明確に拒否されている等）といった場合には，調停期日を指定せず，取下げの意思を確認した上で，調停をしない措置（「なさず」，家事法271条）をすることも考えられる。

イ　審判申立ての場合

期日を指定せずに取下げの意思を確認した上で，取下げをしない場合は却下審判をする方向で運用するのが相当である。

(4)　相続人以外の者がした貢献を，相続人の寄与分において考慮する従前の運用との関係

ア　問題点

相続人以外の者がした貢献（例えば相続人である夫の妻が，被相続人の療養看護等をした場合）について，従前は，相続人の履行補助者による寄与と評価して相続人自身の寄与に含めて評価する余地があるとされていた。

特別の寄与制度が新設されたことにより，上記のような従前の考え方に変更があるかが問題となり得る。

イ　解　釈

特別の寄与という新しい制度ができて，相続人以外の親族は，特別寄与料として請求が可能になったのであるから，特別寄与料の請求をすべきであるともいえる。

しかしながら，被相続人の遺産の存否等の問題が争われるようになり，相続人以外の親族が，特別寄与料の請求をしようと考えたときには，既に特別寄与料請求の除斥期間（最長で相続開始時から1年）が経過しており，家庭裁判所への申立てができなく

なっている事例が頻出することが想定される。この場合，上記の原則論により，従前の考え方を否定する立場に立つと，相続人以外の親族の貢献については，相続人自身の寄与に含めて評価することも，特別寄与料の請求も，いずれもできないこととなり，新しい制度ができたことにより，かえって相続人以外の親族の貢献を考慮できない場合が生じるともいえ，このような結論は相当とは言い難い。

以上より，特別の寄与の制度が適用されるようになった後も，相続人ではない親族の寄与について，引き続き相続人の寄与に含めて評価する余地があると解するのが相当である。

(5)　特別の寄与者の死亡による承継について

特別の寄与の申立て後に，申立人が死亡した場合，受継の問題で処理する。

(6)　相続分に変動があった場合の特別寄与料の支払義務

ア　相続放棄

相続人のうち，相続放棄をした相続人がいる場合には，同放棄によって変動した後の相続分に従って，各相続人は特別寄与料の支払義務を負う（法制審部会第10回議事録45〜46頁）。

イ　相続分の放棄

①相続分の放棄をした場合であっても，相続債務を免れるものではないところ，特別寄与料の支払は，各相続人の債務であること，②相続分の放棄は，遺産分割事件における裁判所に対する意思表示であるから，相続分の放棄をしたことによって別事件である特別寄与料の支払義務を免れることができるかは疑問であることからすれば，相

続分の放棄がなされた場合であっても，当該相続人は，特別寄与料の支払義務を負うと解するのが相当である。

　　ウ　相続分の譲渡

　相続分の譲渡については，譲渡人と譲受人との合意によるものであり，相続分の譲受人は，積極財産のみならず債務も承継することになると解されることからすれば，上記相続分の放棄とは異なり，譲渡後の相続分割合で，特別寄与料の支払義務を負う

と考えられる。ただし，相続分の譲渡においては，債務の負担について，債権者を害さないために，譲渡人において併存的に当該債務を負担すると解されていることからすれば，特別寄与者が相続分譲渡人に対して，譲渡前の相続分を前提に特別寄与料の支払を請求することは否定されないと考えられる。そして，譲渡人が特別寄与料を支払った場合，譲受人に対する求償が可能である。

【資料13-1】　特別の寄与が認められる要件

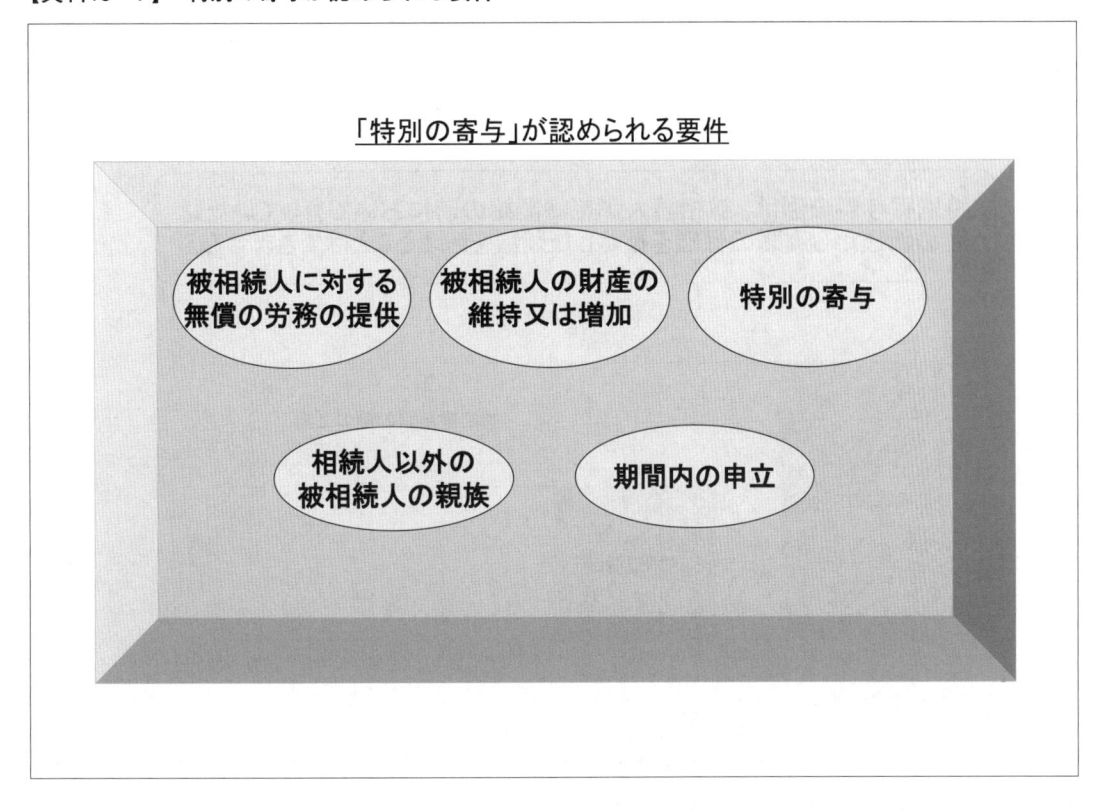

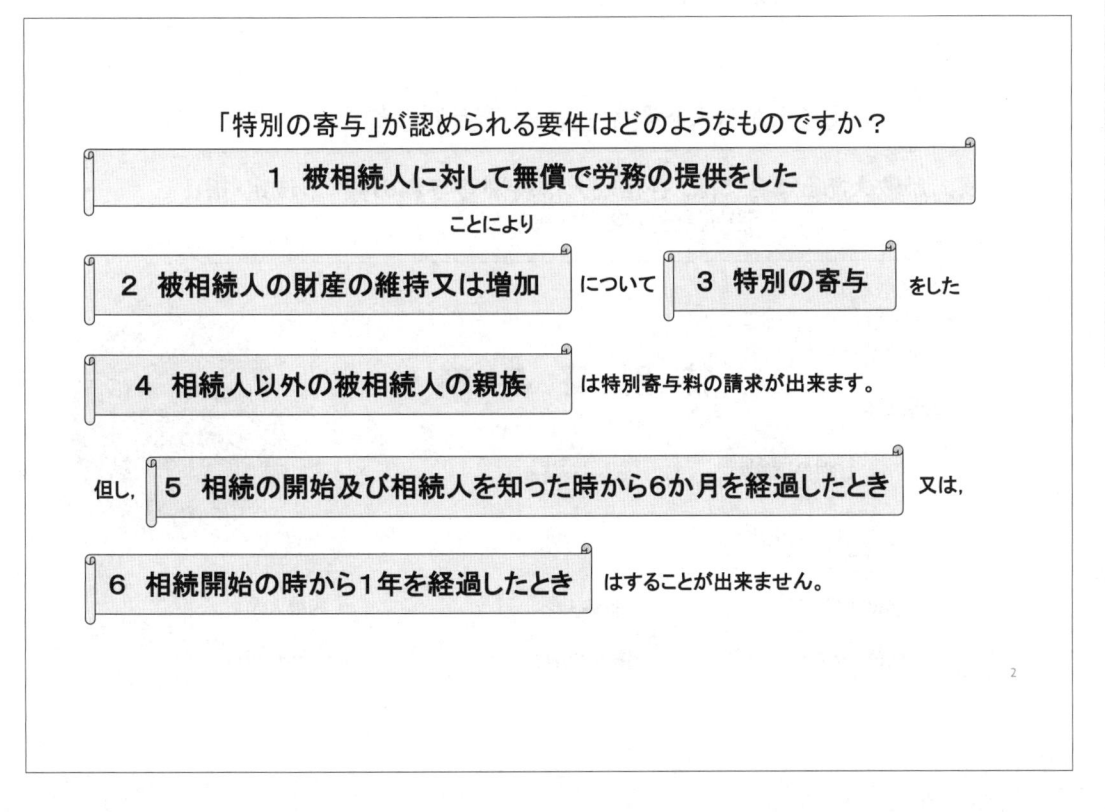

【資料13- 2】　特別寄与料の額

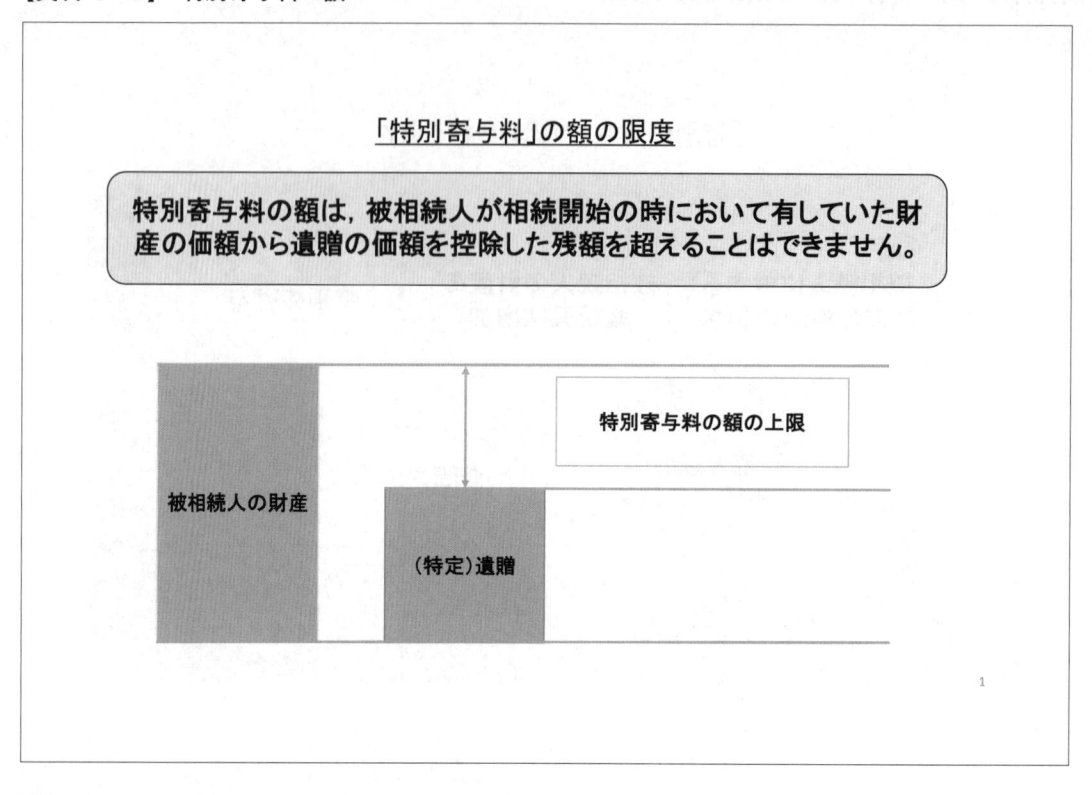

【資料13- 3】　相続人が数人ある場合の特別寄与料の額

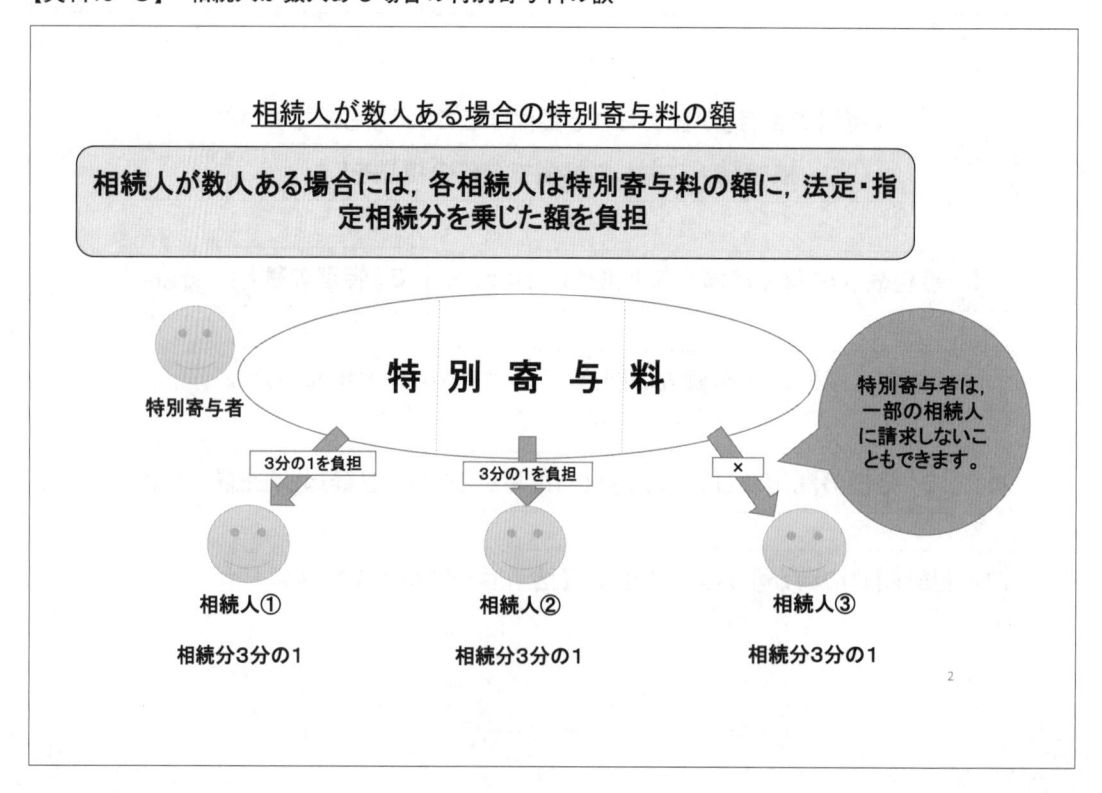

【資料13-4】　特別の寄与の額の考慮要素

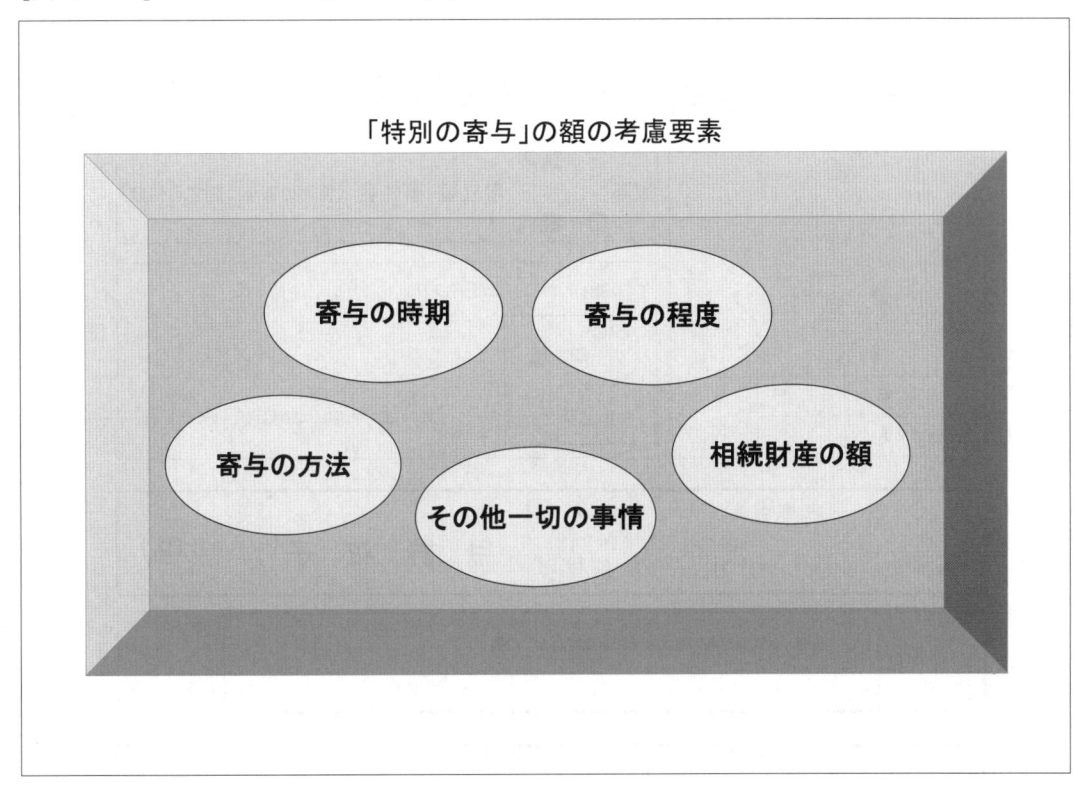

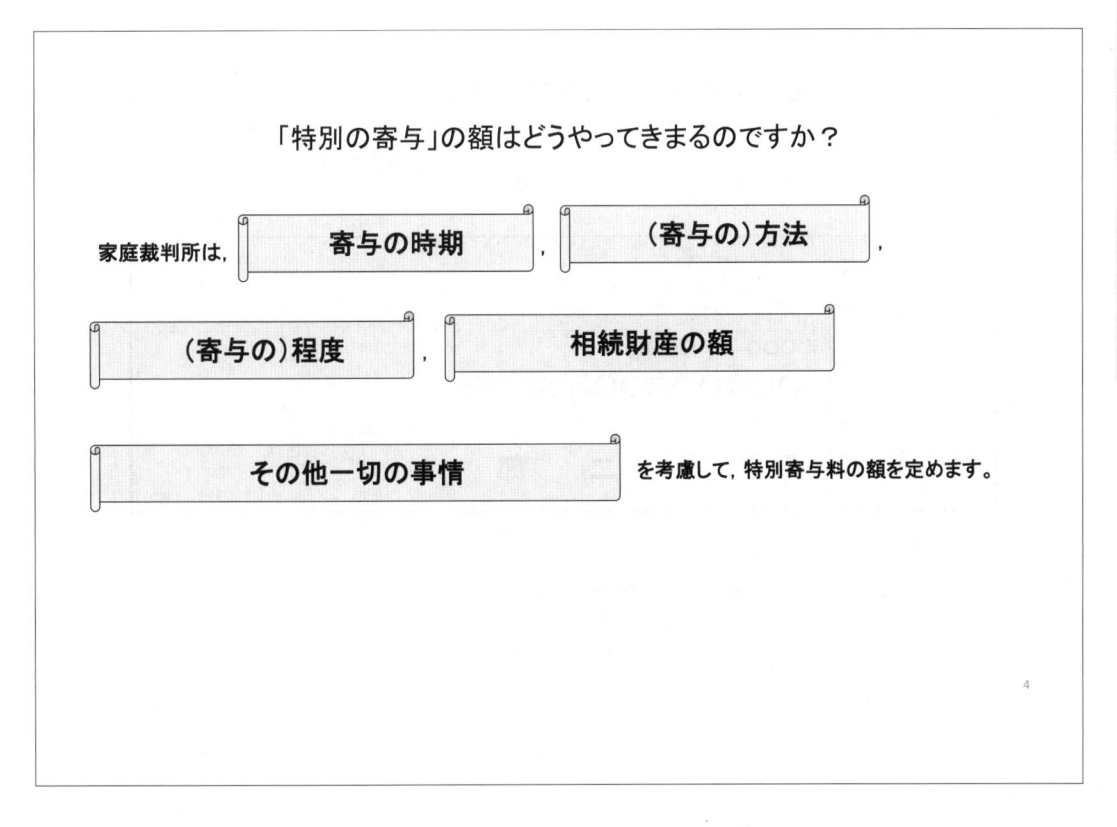

【資料14】 特別の寄与に関する処分審判・調停申立書記載例

この申立書の写しは，法律の定めるところにより，申立ての内容を知らせるため，相手方に送付されます。

受付印	☑ 調停 家事　　　　　　申立書 事件名（特別の寄与に関する処分） □ 審判

（この欄に申立て1件あたり収入印紙1，200円分を貼ってください。）

印　紙

（貼った印紙に押印しないでください。）

収 入 印 紙　　　　　円
予納郵便切手　　　　　円

○ ○ 家庭裁判所 　　　　　　　御中 令和 ○ 年 ○ 月 ○ 日	申 立 人 （又は法定代理人など） の記名押印	甲 野 花 子	印

添付書類	（審理のために必要な場合は，追加書類の提出をお願いすることがあります。） 戸籍（除籍・改正原戸籍）謄本・全部事項証明書　○通	準 口 頭

申 立 人	本 籍 （国 籍）	（戸籍の添付が必要とされていない申立ての場合は，記入する必要はありません。） 　　　都 道 　　　府 県　　　　　　　　　　　　　　　　　　　　　　　※1
	住 所	〒 ○○○ － ○○○○ ○○県○○市○○町○番○号 （　　　　　　方）
	フリガナ 氏 名	コ ウ ノ　　　ハ ナ コ 甲 野 花 子	大正 昭和 ○年 ○月 ○日生 平成 令和　　　（　○　歳）
相 手 方	本 籍 （国 籍）	（戸籍の添付が必要とされていない申立ての場合は，記入する必要はありません。） 　　　都 道 　　　府 県　　　　　　　　　　　　　　　　　　　　　　　※1
	住 所	〒 ○○○ － ○○○○ ○○県○○市○○町○番○号 （　　　　　　方）
	フリガナ 氏 名	コ ウ ノ　　　ジ ロ ウ 甲 野 二 郎	大正 昭和 ○年 ○月 ○日生 平成 令和　　　（　○　歳）

（注）太枠の中だけ記入してください。

※1 本申立てについては，本籍の記入は不要です。

別表第二，調停（**1／3**）

※ 相 手 方	本　籍	(戸籍の添付が必要とされていない申立ての場合は，記入する必要はありません。)　　　　　　都　道 　　　　　　府　県　　　　　　　　　　　　　　　　　　　　　　　　　　　　　　※1	
	住　所	〒 ○○○ － ○○○○ **○○県○○市○○町○番○号** 　　　　　　　　　　　　　　　　　　　　　　　（　　　　　　方）	
	フリガナ 氏　名	コ　ウ　ノ　　　　サ　ブ　ロ　ウ **甲　野　三　郎**	大正 (昭和)　○年　○月　○日生 平成 令和　　　（　○　歳）
※ 被 相 続 人	本　籍	(戸籍の添付が必要とされていない申立ての場合は，記入する必要はありません。)　　　　　　都　道 　　　　　　府　県　　　　　　　　　　　　　　　　　　　　　　　　　　　　　　※1	
	最後の 住　所	〒 ○○○ － ○○○○ **○○県○○市○○町○番○号** 　　　　　　　　　　　　　　　　　　　　　　　（　　　　　　方）	
	フリガナ 氏　名	コ　ウ　ノ　　　ハ　ル　コ **甲　野　春　子**	大正 昭和　○年○月○日~~生~~ **死亡** 平成 (令和)　　（　　　歳）
※	本　籍	(戸籍の添付が必要とされていない申立ての場合は，記入する必要はありません。)　　　　　　都　道 　　　　　　府　県	
	住　所	〒　　　－ 　　　　　　　　　　　　　　　　　　　　　　　（　　　　　　方）	
	フリガナ 氏　名		大正 昭和　　年　月　日生 平成 令和　　　（　　　歳）
※	本　籍	(戸籍の添付が必要とされていない申立ての場合は，記入する必要はありません。)　　　　　　都　道 　　　　　　府　県	
	住　所	〒　　　－ 　　　　　　　　　　　　　　　　　　　　　　　（　　　　　　方）	
	フリガナ 氏　名		大正 昭和　　年　月　日生 平成 令和　　　（　　　歳）

(注)　太枠の中だけ記入してください。※の部分は，申立人，相手方，法定代理人，不在者，共同相続人，被相続人等の区別を記入してください。

（2/3）

第7　特別の寄与に関する運用

<u>この申立書の写しは，法律の定めるところにより，申立ての内容を知らせるため，相手方に送付されます。</u>

申　立　て　の　趣　旨
相手方らは，申立人に対し，特別寄与料として，それぞれ相当額を支払うとの調停を求めます。

申　立　て　の　理　由
申立人は，被相続人甲野春子の長男甲野太郎の妻であり，相手方甲野二郎は二男，甲野三郎は三男になります。
申立人は，甲野太郎と婚姻すると同時に，被相続人の希望もあったことから，甲野太郎とともに被相続人と同居を開始しました。
被相続人は，平成〇年〇月ころから，寝たきりの状態になり，家族による介護が必要になったため，申立人は，当時，勤めていた会社を退社し，同月〇日から被相続人が亡くなるまでの間，無償で，被相続人の療養看護を行ってきました。
被相続人は令和〇年〇月〇日に死亡し，申立人は，同日，相続が開始したこと，相手方らが相続人であることを知りました。
そこで，申立人は，相手方らに対し，療養看護をしたことによる被相続人の財産の維持，増加に対する申立人の特別の寄与を主張し，特別寄与料として，それぞれ相当額を支払うよう相手方らに協議を申し入れましたが，相手方らはこれに応じないため，本申立てをします。

別表第二，調停（**3／3**）

（裁判所ウェブサイトより転載。）

【資料15-1】　事情説明書（特別の寄与）

東京家庭裁判所家事5部　宛　　　　　令和　　年（家　　）第　　　　号
（期日通知等に書かれた事件番号をお書きください。）

事情説明書（特別の寄与）

ふりがな
令和　　年　　月　　日　　申立人＿＿＿＿＿＿＿＿＿　印

　この書類は，申立ての内容に関する事項を記載していただくものです。あてはまる事項にチェックを付け（複数可），必要事項を記入の上，申立書とともに提出してください。

　なお，調停手続では，この書類は相手方には送付しませんが，相手方から申請があれば，閲覧やコピーが許可されることがあります。審判手続では，相手方に送付しますので，審判を申し立てる方は，相手方の人数分のコピーも併せて提出してください。
　おって，遺産目録を作成した場合，その遺産目録は相手方に送付します。

（代理人弁護士の方へ）本書面は，申立人本人作成，代理人作成のいずれでもかまいません。申立書と重複した内容があっても，お手数ですが記載してください。

第1　特別の寄与の前提となる問題についてお聞きします。

1【当事者の範囲】 あなたと被相続人はどのような親族関係にありますか。	私は，被相続人の（　　　　　　　　　　　）にあたります。 ※　今回請求している相手方の他にも，被相続人の相続人はいますか。 　□　いない。 　□　いる。　　⇒その方々のお名前と続柄をお書きください。 　　（その人の氏名　　　　　　　　被相続人との続柄　　　　　　） 　　（その人の氏名　　　　　　　　被相続人との続柄　　　　　　） 　□　分からない。
2【遺産の範囲】 遺産内容を知っていますか。	□　全部知っている。⇒別紙の遺産目録にお書きください。 □　一部知っている。⇒知っている範囲で，別紙の遺産目録にお書きください。 □　知らない。 ※　被相続人に債務はありますか。 　□　ある。⇒以下に，債務の内容をお書きください。 　　（内容　　　　　　　　　　　　残債務額　　　　　　　） 　□　ない。 　□　分からない。
3【遺言書】 被相続人の遺言書はありましたか。	□　遺言書はなかった。 □　公正証書による遺言書があった。 □　自筆証書による遺言書があった。　⇒下記 ※へ □　分からない。 ※　裁判所による遺言書の検認は受けましたか。 　□　検認を受けた。 　　⇒検認を受けた裁判所名と事件番号をわかる範囲でお書きください。 　　（　　　　家庭裁判所　　　支部，　　令和　　年（家）第　　　　号） 　□　まだ検認を受けていない。 　□　分からない。

遺言書をお持ちの方は，初回調停期日の1週間前までに，その写しを家事5部宛に郵送又はFAXして下さい。

第2　今回の申立てについてお聞きします。

1　今回の申立ての前に，相手方と特別の寄与に関する話し合いをしましたか。	□　話し合いをして，概ねまとまった。　⇒□合意書あり，□合意書なし □　話し合いをして，一部まとまった。　⇒□合意書あり，□合意書なし □　話し合いをしたが，まとまらなかった。　⇒下記 ※へ □　話し合いをしなかった。 （理由　　　　　　　　　　　　　　　　　　　　　　　　　　） ※　なぜ話し合いがまとまらなかったと思いますか。　　＊複数回答可 □　感情的に対立してしまい，話にならなかったから。 □　話し合いに応じなかったり，避けたりしている相続人がいるから。 □　特別寄与料をいくら払うかで揉めたから。 □　その他（　　　　　　　　　　　　　　　　　　　　　　　） □　分からない。
2　今回の申立ては，どの類型に当たりますか。どれにも当てはまらない場合は，「その他」に具体的にお書きください。	□　療養看護　⇒以下に具体的内容をお書きください。 （　　　　　　　　　　　　　　　　　　　　　　　　　　　　　） □　家業従事　⇒以下に具体的内容をお書きください。 （　　　　　　　　　　　　　　　　　　　　　　　　　　　　　） □　その他（　　　　　　　　　　　　　　　　　　　　　　　　）

特別の寄与に関する合意書等をお持ちの方は，初回調停期日の1週間前までに，その写しを家事5部宛に郵送又はFAXして下さい。

第3　関連する事件についてお聞きします。

1　被相続人の遺産分割は終了していますか。	□　終了している。 　⇒　家庭裁判所の調停や審判で終了した場合は，その裁判所名と事件番号を分かる範囲でお書きください。 　　（　　　　家庭裁判所　　支部，　　令和　年（家　）第　　号） □　終了していない。 　⇒　家庭裁判所の調停や審判が係属中の場合は，その裁判所名と事件番号を分かる範囲でお書きください。 　　（　　　　家庭裁判所　　支部，　　令和　年（家　）第　　号） □　分からない。
2　本件の相手方以外にも相続人がいる場合，その相続人に対して，特別寄与料の請求をしていますか。	□　請求している。　（その相続人の名前　　　　　　　　　　　） 　⇒　家庭裁判所に調停や審判が係属中の場合は，その裁判所名と事件番号を分かる範囲でお書きください。 　　（　　　　家庭裁判所　　支部，　　令和　年（家　）第　　号） □　請求していない。
3　あなた以外の被相続人の親族のうち，相続人に対して，特別寄与料の請求をしている人がいますか。	□　いる。　⇒その方のお名前と続柄をお書きください。 （その人の氏名　　　　　　　　被相続人との続柄　　　　　　） □　いない。 □　分からない。

【資料15-2】　答弁書（特別の寄与）

東京家庭裁判所家事５部　宛

令和　　年（家　　）第　　　号
（期日通知等に書かれた事件番号をお書きください。）

答弁書（特別の寄与）

ふりがな

令和　　年　月　日　相手方 _____ 印

　この書類は，申立人が作成した申立書に関するあなたの考えと本件に関する事情を記載していただくものです。あてはまる事項にチェックを付け（複数可），必要事項を記入の上，初回調停期日の１週間前までに，家事５部宛に郵送又はＦＡＸで提出してください。

　なお，この書類は，申立人から申請があれば，閲覧やコピーが許可されることがあります。

（代理人弁護士の方へ）本書面は，相手方本人作成，代理人作成のいずれでもかまいません。

第1　特別の寄与の前提となる問題についてお聞きします。	
1【当事者の範囲】 　被相続人の相続人は，同封の相続関係図に記載されているとおりですか。	□　相続関係図のとおりで間違いない。 □　相続関係図に相続人ではない人が記載されている。 　　（その人の氏名　　　　　　　　　　　　　　　　　　　） □　相続関係図に記載されていないが，他にも相続人がいる（申立人の配偶者は除いてください。）。 　　（その人の氏名　　　　　　　　　　　　　　　　　　　） 　　（被相続人との続柄　　　　　　　　　　　　　　　　　） □　分からない。
2【遺産の範囲】 　遺産には，どのようなものがありますか。	□　遺産は，申立人作成の遺産目録のとおりである。 □　遺産は，申立人作成の遺産目録を以下のように修正したものである。 　　□　申立人作成の遺産目録から，次の目録番号のものを除外する。 　　（　　　　　　　　　　　　　　　　　　　　　　　　　） 　　□　申立人作成の遺産目録に，次のものを加える。 　　（　　　　　　　　　　　　　　　　　　　　　　　　　） □　遺産は，別紙の遺産目録のとおりである。 **⇒申立人作成の遺産目録がない場合は，別紙の遺産目録にご記入の上，答弁書と一緒に提出してください。**
3【遺言書】 　被相続人の遺言書はありましたか。	□　遺言書はなかった。 □　公正証書による遺言書があった。 □　自筆証書による遺言書があった。　⇒下記 ※へ □　分からない。 ※　裁判所による遺言書の検認は受けましたか。 　□　検認を受けた。 　　（　　　　家庭裁判所　　　支部，　　令和　年(家)第　　　号） 　□　まだ検認を受けていない。 　□　分からない。
遺言書をお持ちの方は，初回調停期日の１週間前までに，その写しを家事５部宛に郵送又はFAXして下さい。	

第2 被相続人についてお聞きします。

1　被相続人の死亡原因と死亡までの状態（入院の有無，寝たきりか否かなど）をお書きください。	死亡原因（　　　　　　　　　　　　　　　　　　　　　　　） 　　年　　月〜　　　年　　月（　　　　　　　　　　　　） 　　年　　月〜　　　年　　月（　　　　　　　　　　　　） □　分からない。
2　被相続人と同居していた相続人はいますか。	□　いない。 □　いる。　（その相続人の名前　　　　　　　　期間　　年　　か月） □　分からない。
3　被相続人の身の回りの面倒をみていた相続人はいますか。	□　いない。 □　いる。　（その相続人の名前　　　　　　　　期間　　年　　か月） □　分からない。
4　申立人は，被相続人と同居していましたか。	□　同居していない。 □　同居している。　（期間　　　　年　　　か月） □　分からない。
5　申立人は，被相続人の身の回りの面倒をみていましたか。	□　面倒をみていない。 □　面倒をみている。　（期間　　　　年　　　か月） □　分からない。
6　申立人や相続人以外で，被相続人と同居したり，身の回りの面倒をみていた親族はいましたか。	□　いない。 □　いる。 　（氏名　　　　　　　　　　　被相続人との続柄　　　　　　　） 　（同居及び面倒をみていた期間　　　　　　　年　　　か月） □　分からない。
7　被相続人はどのように生計をたてていましたか。	□　自己の収入で生計を立てていた。 □　相続人（　　　　　　　　　　　　　　　　）が扶養していた。 □　その他（　　　　　　　　　　　　　　　　　　　　　　） □　分からない。

第3 今回の申立てについてお聞きします。

今回の申立ての前に，申立人と特別の寄与について話し合いをしましたか？	□　話し合いをして，概ねまとまった。　⇒□合意書あり，□合意書なし □　話し合いをして，一部まとまった。　⇒□合意書あり，□合意書なし □　話し合いをしたが，まとまらなかった。　⇒下記 ※へ □　話し合いをしなかった。 　（理由　　　　　　　　　　　　　　　　　　　　　　　　） ※　なぜ話し合いがまとまらなかったと思いますか？　＊複数回答可 □　感情的に対立してしまい，話にならなかったから。 □　話し合いに応じなかったり，避けたりしている相続人がいるから。 □　特別寄与料をいくら払うかで揉めたから。 □　申立人の他にも特別寄与料を請求する親族がいたから。 □　遺産分割の話し合いをしなかったから。 □　以下の理由で，遺産分割の話し合いがまとまらなかったから。 　（　　　　　　　　　　　　　　　　　　　　　　　　　） □　その他（　　　　　　　　　　　　　　　　　　　　　　） □　分からない。

特別の寄与に関する合意書等をお持ちの方は，初回調停期日の1週間前までに，その写しを家事5部宛に郵送又はFAXして下さい。

第4　関連する事件についてお聞きします。	
1　被相続人の遺産分割は終了していますか。	☐　終了している。 　⇒　家庭裁判所の調停や審判で終了した場合は，その裁判所名と事件番号を分かる範囲でお書きください。 　　（　　　家庭裁判所　　　支部,　　　令和　　年(家　)第　　　　号） ☐　終了していない。 　⇒　家庭裁判所の調停や審判で係属中の場合は，その裁判所名と事件番号を分かる範囲でお書きください。 　　（　　　家庭裁判所　　　支部,　　　令和　　年(家　)第　　　　号） ☐　分からない。
2　本件以外に，被相続人の親族による，特別寄与料の請求事件が行われていますか。	☐　行われている。 　⇒　係属している家庭裁判所名と事件番号，申立人及び相手方の名前を分かる範囲でお書きください。 　　（　　　家庭裁判所　　　支部,　　　令和　　年(家　)第　　　　号） 　　（申立人　　　　　　　　　　,　相手方　　　　　　　　　　　） ☐　行われていない。 ☐　分からない。

第5　申立人が主張する特別の寄与に関する，あなたのご意見やご主張をお書きください。

【資料15-3】　事情説明書（特別の寄与）―相続関係図が作成されていない場合

東京家庭裁判所家事5部　宛　　　　　令和　　年（家　　）第　　　　号
（期日通知等に書かれた事件番号をお書きください。）

事情説明書（特別の寄与）

ふりがな
令和　　年　　月　　日　　申立人　_____　印

> この書類は，申立ての内容に関する事項を記載していただくものです。あてはまる事項にチェックを付け（複数可），必要事項を記入の上，申立書とともに提出してください。
>
> なお，調停手続では，この書類は相手方には送付しませんが，相手方から申請があれば，閲覧やコピーが許可されることがあります。審判手続では，相手方に送付しますので，審判を申し立てる方は，相手方の人数分のコピーも併せて提出してください。
> おって，遺産目録，相続関係図を作成した場合，その遺産目録は相手方に送付します。

> （代理人弁護士の方へ）本書面は，申立人本人作成，代理人作成のいずれでもかまいません。申立書と重複した内容があっても，お手数ですが記載してください。

第1　特別の寄与の前提となる問題についてお聞きします。

1【当事者の範囲】 あなたと被相続人はどのような親族関係にありますか。	私は，被相続人の（　　　　　　　　　　　）にあたります。 ※　今回請求している相手方の他に被相続人の相続人を知っていますか。 □　全部知っている。⇒相続関係図を提出してください。 □　一部知っている。⇒知っている範囲で，相続関係図を提出してください。 □　知らない。
2【遺産の範囲】 遺産内容を知っていますか。	□　全部知っている。⇒別紙の遺産目録にお書きください。 □　一部知っている。⇒知っている範囲で，別紙の遺産目録にお書きください。 □　知らない。 ※　被相続人に債務はありますか。 □　ある。⇒以下に，債務の内容をお書きください。 （内容　　　　　　　　　　　残債務額　　　　　　　　） □　ない。 □　分からない。
3【遺言書】 被相続人の遺言書はありましたか。	□　遺言書はなかった。 □　公正証書による遺言書があった。 □　自筆証書による遺言書があった。　⇒下記 ※へ □　分からない。 ※　裁判所による遺言書の検認は受けましたか。 □　検認を受けた。 ⇒検認を受けた裁判所名と事件番号をわかる範囲でお書きください。 （　　　　家庭裁判所　　　支部，令和　　年（家　　）第　　　号） □　まだ検認を受けていない。 □　分からない。

遺言書をお持ちの方は，初回調停期日の1週間前までに，その写しを家事5部宛に郵送又はFAXして下さい。

第2　今回の申立てについてお聞きします。

1　今回の申立ての前に，相手方と特別の寄与に関する話し合いをしましたか。	□　話し合いをして，概ねまとまった。　　⇒□合意書あり，□合意書なし □　話し合いをして，一部まとまった。　　⇒□合意書あり，□合意書なし □　話し合いをしたが，まとまらなかった。　⇒下記 ※へ □　話し合いをしなかった。 　（理由　　　　　　　　　　　　　　　　　　　　　　　　　　　　　） ※　なぜ話し合いがまとまらなかったと思いますか。　＊複数回答可 　□　感情的に対立してしまい，話にならなかったから。 　□　話し合いに応じなかったり，避けたりしている相続人がいるから。 　□　特別寄与料をいくら払うかで揉めたから。 　□　その他（　　　　　　　　　　　　　　　　　　　　　　　　　　） 　□　分からない。
2　今回の申立ては，どの類型に当たりますか。どれにも当てはまらない場合は，「その他」に具体的にお書きください。	□　療養看護　⇒以下に具体的内容をお書きください。 （　　　　　　　　　　　　　　　　　　　　　　　　　　　　　　） □　家業従事　⇒以下に具体的内容をお書きください。 （　　　　　　　　　　　　　　　　　　　　　　　　　　　　　　） □　その他（　　　　　　　　　　　　　　　　　　　　　　　　　　）

特別の寄与に関する合意書等をお持ちの方は，初回調停期日の1週間前までに，その写しを家事5部宛に郵送又はFAXして下さい。

第3　関連する事件についてお聞きします。

1　被相続人の遺産分割は終了していますか。	□　終了している。 　⇒　家庭裁判所の調停や審判で終了した場合は，その裁判所名と事件番号を分かる範囲でお書きください。 　　（　　　　　家庭裁判所　　　支部，　　令和　　年（家　）第　　　号） □　終了していない。 　⇒　家庭裁判所の調停や審判が係属中の場合は，その裁判所名と事件番号を分かる範囲でお書きください。 　　（　　　　　家庭裁判所　　　支部，　　令和　　年（家　）第　　　号） □　分からない。
2　本件の相手方以外にも相続人がいる場合，その相続人に対して，特別寄与料の請求をしていますか。	□　請求している。　（その相続人の名前　　　　　　　　　　　　　　） 　⇒　家庭裁判所に調停や審判が係属中の場合は，その裁判所名と事件番号を分かる範囲でお書きください。 　　（　　　　　家庭裁判所　　　支部，　　令和　　年（家　）第　　　号） □　請求していない。
3　あなた以外の被相続人の親族のうち，相続人に対して，特別寄与料の請求をしている人がいますか。	□　いる。　⇒その方のお名前と被相続人との続柄をお書きください。 　（氏名　　　　　　　　　　　　　続柄　　　　　　　　　　　） □　いない。 □　分からない。

【資料15-4】　答弁書（特別の寄与）―相続関係図が作成されていない場合

東京家庭裁判所家事5部　宛　　　　　　　　　令和　　年（家　　）第　　　　号
（期日通知等に書かれた事件番号をお書きください。）

答弁書（特別の寄与）

ふりがな
令和　年　月　日　相手方 _____ 印

> 　この書類は，申立人が作成した申立書に関するあなたの考えと本件に関する事情を記載していただくものです。あてはまる事項にチェックを付け（複数可），必要事項を記入の上，初回調停期日の1週間前までに，家事5部宛に郵送又はFAXで提出してください。
> 　**なお，この書類は，申立人から申請があれば，閲覧やコピーが許可されることがあります。**

（代理人弁護士の方へ）本書面は，相手方本人作成，代理人作成のいずれでもかまいません。

第1　特別の寄与の前提となる問題についてお聞きします。

1【当事者の範囲】 　申立人と被相続人との関係，あなたと被相続人との関係は，同封の申立書の写し（及び相続関係図）に記載されているとおりですか。	☐　申立書の写し（及び相続関係図）のとおりで間違いない。 ☐　申立書の写し（及び相続関係図）に間違いがある。 　⇒相続関係図を提出してください。 ☐　分からない。
2【遺産の範囲】 　遺産には，どのようなものがありますか。	☐　遺産は，申立人作成の遺産目録のとおりである。 ☐　遺産は，申立人作成の遺産目録を以下のように修正したものである。 　☐　申立人作成の遺産目録から，次の目録番号のものを除外する。 　（　　　　　　　　　　　　　　　　　　　　　　） 　☐　申立人作成の遺産目録に，次のものを加える。 　（　　　　　　　　　　　　　　　　　　　　　　） ☐　遺産は，別紙の遺産目録のとおりである。 **⇒申立人作成の遺産目録がない場合は，別紙の遺産目録にご記入の上，答弁書と一緒に提出してください。**
3【遺言書】 　被相続人の遺言書はありましたか。	☐　遺言書はなかった。 ☐　公正証書による遺言書があった。 ☐　自筆証書による遺言書があった。　⇒下記　※へ ☐　分からない。 ※　裁判所による遺言書の検認は受けましたか。 　☐　検認を受けた。 　（　　　家庭裁判所　　　支部，　令和　年（家）第　　　号） 　☐　まだ検認を受けていない。 　☐　分からない。

遺言書をお持ちの方は，初回調停期日の1週間前までに，その写しを家事5部宛に郵送又はFAXして下さい。

第2	被相続人についてお聞きします。	
1	被相続人の死亡原因と死亡までの状態（入院の有無，寝たきりか否かなど）をお書きください。	死亡原因（　　　　　　　　　　　　　　　　　　　　　　　　　　） 　　　　年　　　月〜　　　年　　月（　　　　　　　　　　　　　　） 　　　　年　　　月〜　　　年　　月（　　　　　　　　　　　　　　） □　分からない。
2	被相続人と同居していた相続人はいますか。	□　いない。 □　いる。　（その相続人の名前　　　　　　　期間　　　年　　か月） □　分からない。
3	被相続人の身の回りの面倒をみていた相続人はいますか。	□　いない。 □　いる。　（その相続人の名前　　　　　　　期間　　　年　　か月） □　分からない。
4	申立人は，被相続人と同居していましたか。	□　同居していない。 □　同居している。　（期間　　　　年　　か月） □　分からない。
5	申立人は，被相続人の身の回りの面倒をみていましたか。	□　面倒をみていない。 □　面倒をみている。　（期間　　　　年　　か月） □　分からない。
6	申立人や相続人以外で，被相続人と同居したり，身の回りの面倒をみていた親族はいましたか。	□　いない。 □　いる。 　（氏名　　　　　　　　　　被相続人との続柄　　　　　　　　　） 　（同居及び面倒をみていた期間　　　　　　年　　　　か月） □　分からない。
7	被相続人はどのように生計をたてていましたか。	□　自己の収入で生計を立てていた。 □　相続人（　　　　　　　　　　　　　　）が扶養していた。 □　その他（　　　　　　　　　　　　　　　　　　　　　） □　分からない。

第3	今回の申立てについてお聞きします。	
	今回の申立ての前に，申立人と特別の寄与について話し合いをしましたか。	□　話し合いをして，概ねまとまった。　　⇒□合意書あり，□合意書なし □　話し合いをして，一部まとまった。　　⇒□合意書あり，□合意書なし □　話し合いをしたが，まとまらなかった。　⇒下記 ※へ □　話し合いをしなかった。 　（理由　　　　　　　　　　　　　　　　　　　　　　　　） ※　なぜ話し合いがまとまらなかったと思いますか？　　*複数回答可 　□　感情的に対立してしまい，話にならなかったから。 　□　話し合いに応じなかったり，避けたりしている相続人がいるから。 　□　特別寄与料をいくら払うかで揉めたから。 　□　申立人の他にも特別寄与料を請求する親族がいるから。 　□　遺産分割の話し合いをしなかったから。 　□　以下の理由で，遺産分割の話し合いがまとまらなかったから。 　　（　　　　　　　　　　　　　　　　　　　　　　　　） 　□　その他（　　　　　　　　　　　　　　　　　　　　） 　□　分からない。
特別の寄与に関する合意書等をお持ちの方は，初回調停期日の1週間前までに，その写しを家事5部宛に郵送又はFAXして下さい。		

第7　特別の寄与に関する運用

第4　関連する事件についてお聞きします。	
1　被相続人の遺産分割は終了していますか。	☐　終了している。 　⇒　家庭裁判所の調停や審判で終了した場合は，その裁判所名と事件番号を分かる範囲でお書きください。 　　　（　　　　　家庭裁判所　　　支部，　　令和　　年(家　)第　　　号) ☐　終了していない。 　⇒　家庭裁判所の調停や審判で係属中の場合は，その裁判所名と事件番号を分かる範囲でお書きください。 　　　（　　　　　家庭裁判所　　　支部，　　令和　　年(家　)第　　　号) ☐　分からない。
2　本件以外に，被相続人の親族による，特別寄与料の請求事件が行われていますか。	☐　行われている。 　⇒　係属している家庭裁判所名と事件番号，申立人及び相手方の名前を分かる範囲でお書きください。 　　　（　　　　　家庭裁判所　　　支部，　　令和　　年(家　)第　　　号) 　　　（申立人　　　　　　　　　　　　，相手方　　　　　　　　　　　　　　　) ☐　行われていない。 ☐　分からない。

第5　申立人が主張する特別の寄与に関する，あなたのご意見やご主張をお書きください。

【資料16-1】　特別の寄与　主張のポイント（療養看護型）

特別の寄与　主張のポイント（療養看護型）
～病気療養中の被相続人の療養看護に従事した場合～

　　提出された証拠資料をもとに検討しますので，主張のみで裏付けとなる証拠資料がない場合には，特別の寄与の主張が認められないこともあります。

①療養看護の必要性
　　「療養看護を必要とする病状であったこと」及び「近親者による療養看護を必要としていたこと」が必要です。高齢というだけでは介護が必要な状態だったとはいえません。疾病などで療養や介護を要する状態であったことが，療養看護の特別の寄与を主張する際の前提になります。なお，入院・施設へ入所していた場合，その期間は原則として特別の寄与が認められません。
②特別な貢献
　　「特別の寄与者の貢献に報いるのが相当と認められる程度」の顕著な貢献であることが必要です。
③無償性
　　無報酬又はこれに近い状態でなされていることが必要です。ただし，通常の介護報酬に比べて著しく少額であるような場合には認められることがあります。逆に，無報酬又はそれに近い状態であっても，被相続人の資産や収入で生活していれば，認められないことがあります。
④継続性
　　相当期間に及んでいることが必要です。期間は一切の事情を考慮して個別に判断されることになりますが，少なくとも1年以上を必要としている場合が多いです。
⑤専従性
　　療養看護の内容が片手間なものではなく，かなりの負担を要するものであることが必要です。仕事のかたわら通って介護した場合などは特別の寄与とはいえない場合が多いです。
⑥財産の維持又は増加との因果関係
　　療養看護により，職業看護人に支払うべき報酬等の看護費用の出費を免れたという結果が必要です。

資料の例

※特に重要な資料については波線

資料の内容	例
被相続人の症状，要介護状況に関する資料	要介護認定通知書，要介護の認定資料（認定調査票，かかりつけ医の意見書など），診断書
療養看護の内容に関する資料	介護サービス利用票，介護サービスのケアプラン，施設利用料明細書，介護利用契約書
入院期間が分かる資料	医療機関の領収書

【資料16-2】　特別の寄与　主張整理表・記載例（療養看護型）

令和　　年　　月　　日提出

療養看護型　特別の寄与　主張整理表

作成者　_____

被相続人　_____

番号	本人の状態	介護日数	介護の内容	介護の対価・同居の有無	証拠資料	資料番号
1		期間：　　年　月 　　　日～　年　　月 　　　日 計　　　　日 －　入院・入所及び介護サービス等利用日数 計　　　　日 ＝実際に介護をした日数　　　　日		対価：□無 　　　□有 　　　（　　　　　　円） 同居：□無 　　　□地代・賃料を払わず同居 　　　□地代・賃料を払って同居 　　　（ 円）		
2		期間：　　年　月 　　　日～　年　　月 　　　日 計　　　　日 －　入院・入所及び介護サービス等利用日数 計　　　　日 ＝実際に介護をした日数　　　　日		対価：□無 　　　□有 　　　（　　　　　　円） 同居：□無 　　　□地代・賃料を払わず同居 　　　□地代・賃料を払って同居 　　　（ 円）		
3		期間：　　年　月 　　　日～　年　　月 　　　日 計　　　　日 －　入院・入所及び介護サービス等利用日数 計　　　　日 ＝実際に介護をした日数　　　　日		対価：□無 　　　□有 　　　（　　　　　　円） 同居：□無 　　　□地代・賃料を払わず同居 　　　□地代・賃料を払って同居 　　　（ 円）		
4		期間：　　年　月 　　　日～　年　　月 　　　日 計　　　　日 －　入院・入所及び介護サービス等利用日数 計　　　　日 ＝実際に介護をした日数　　　　日		対価：□無 　　　□有 　　　（　　　　　　円） 同居：□無 　　　□地代・賃料を払わず同居 　　　□地代・賃料を払って同居 　　　（ 円）		

＊相手方人数分のコピーと自身の控えを準備してください。

令和××年××月××日提出

記載例（療養看護型）

療養看護型 特別の寄与 主張整理表

作成者 ○○○○

被相続人 △△△△

> 病名・要介護度・障害者区分など客観的資料からわかる本人の状態を簡潔に記入してください。

> 当てはまる項目をチェックしてください。介護の対価があった場合と地代・賃料を払って同居していた場合は, それぞれ具体的な金額を記入してくださ

番号	本人の状態	介護日数	介護の内容	介護の対価・同居の有無	証拠資料	資料番号
1	脳梗塞の後遺症により要介護3	期間：平成27年10月 1日～平成29年1月31日 計 489日 － 入院・入所及び介護サービス等利用日数 計 193日 ＝実際に介護をした日数 296日	食事・入浴・トイレ等の介助, 服薬管理など	対価：☑無 □有 （ 円） 同居：□無 □地代・賃料を払わず同居 ☑地代・賃料を払って同居 （50,000円）	要介護認定通知書 病院入院時の支払証明 私の預金通帳 被相続人の預金通帳	甲1～4
2	要介護4認定 周囲に対する暴言・暴力, 徘徊など問題行動顕著	期間：平成29年2月1日～令和元年9月7日 計 949日 － 入院・入所及び介護サービス等利用日数 計 368日 ＝実際に介護をした日数 581日	身の回りの介助全般, 問題行動への対応	対価：□無 □有 （ 円） 同居：□無 □地代・賃料を払わず同居 ☑地代・賃料を払って同居 （50,000円）	要介護認定通知書 病院入院時の支払証明 私の預金通帳, 被相続人の預金通帳 介護サービス利用票 ショートステ利用明細書	甲1～6

> 本人に介護が必要だった期間から入院・入所及び介護サービス等利用日数等を引いて, 実際に介護をした日数を記入してください。裏付ける資料を見ながら, できる限り正確に特定してください。

> 主張の裏付け資料を(甲○)と番号をつけて記載してください。番号のつけ方が不明なときは, 裁判所に問い合わせてください。

＊ 相手方人数分のコピーと自身の控えを準備してください。

【資料17-1】　特別の寄与　主張のポイント（家業従事型）

特別の寄与　主張のポイント（家業従事型）
～家業である農業や商工業等被相続人の事業に従事した場合～

　　提出された証拠資料をもとに検討しますので，主張のみで裏付けとなる証拠資料がない場合には，特別の寄与の主張が認められないこともあります。

①特別な貢献
　「特別の寄与者の貢献に報いるのが相当と認められる程度」の顕著な貢献であることが必要です。
②無償性
　完全な無償ではなくても，世間一般並みの労働報酬に比べて著しく少額であれば，認められることがあります。逆に，無給又はそれに近い状態であっても，被相続人の資産や収入で生活していれば，認められないことがあります。
③継続性
　労務の提供が一定以上の期間に及んでいることが必要です。期間については明確な定めがあるわけではなく，一切の事情を考慮して個別に判断されることになりますが，少なくとも3年程度の期間が必要と思われます。
④専従性
　労務の内容が片手間なものではなく，かなりの負担を要するものである必要があります。週に1，2回手伝っていた場合などは認められないことが多いです。
⑤財産の維持又は増加との因果関係
　特別の寄与行為の結果として被相続人の財産を維持又は増加させていることが必要です。

※なお，被相続人の営む会社への労務提供は，あくまでも会社に対する貢献であって，原則特別の寄与としては認められません。

資料の例
※特に重要な資料については波線

資料の内容	例
経営状況の分かる資料	確定申告書（青色申告書・白色申告書）
給与の支払い状況が分かる資料	給与台帳，給与明細書，確定申告書，給与振込口座の通帳

【資料17-2】　特別の寄与　主張整理表・記載例（家業従事型）

令和　　年　　月　　日提出

家業従事型　特別の寄与　主張整理表

作成者＿＿＿＿＿＿＿＿＿＿＿＿＿＿＿＿

被相続人＿＿＿＿＿＿＿＿＿＿＿＿＿＿

番号	寄与の時期・主張・給与 （家業に従事した経緯と労務の具体的内容）	被相続人との 生活状況
1	＜時期＞ 　平成・令和＿＿年＿＿月から　平成・令和＿＿年＿＿月まで ＜経緯・内容＞ ＜給与の有無＞ 　□無給　□有給　（月額・年額　　　　　円）	□別居 □地代・賃料を 　　払わず同居 □地代・賃料を 　　払って同居 （　　　　　円） **あなたの生活費** □被相続人がすべて 負担した。 □被相続人に対し, 月額　　　円を支 払っていた。 □被相続人は負担し ていない。
	主張を 裏付ける 資料（番号）	
2	＜時期＞ 　平成・令和＿＿年＿＿月から　平成・令和＿＿年＿＿月まで ＜経緯・内容＞ ＜給与の有無＞ 　□無給　□有給　（月額・年額　　　　　円）	□別居 □地代・家賃を 　　払わず同居 □地代・家賃を 　　払って同居 （　　　　　円） **あなたの生活費** □被相続人がすべて 負担した。 □被相続人に対し, 月額　　　　円を 支払っていた。 □被相続人は負担し ていない。
	主張を 裏付ける 資料（番号）	

＊　相手方人数分のコピーと自身の控えを準備してください。

令和　　年　　月　　日提出

記載例（家業従事型）

家業従事型　特別の寄与　主張整理表

作成者　　〇〇〇〇

被相続人　　△　△　△　△

家業の内容，「無給またはそれに近い」状態で家業を手伝うようになったいきさつ，従事していた仕事の内容を，具体的に書いてください。
※時期によって，労務条件，生活状況などに違いがある場合は，それぞれの時期ごとに，欄を分けて，記載してください。

上段；被相続人との同居の有無，被相続人に対する地代家賃の支払い状況
下段；被相続人が負担した，あなたやあなたの家族のための生活費の支払い状況

番号	寄与の時期・主張・給与 （家業に従事した経緯と労務の具体的内容）	被相続人との 生活状況
1	＜時期＞ （平成）　□　２２年３月から　平成・（令和）元年１０月まで ＜経緯・内容＞ 　被相続人は理容店を営んでいたが，被相続人が脳梗塞で倒れた後，右半身麻痺が残った。申立人は当時つとめていた理容店をやめ，この店で店長代理の理容師として働き，店を支えた。経営は順調だったが，売上金はすべて被相続人夫婦が管理し，被相続人夫婦の収入とされていた。 ＜給与の有無＞ 　☑無給　□有給（月額・年額　　　　申立人　　０円）	□別居 ☑地代・家賃を 　払わず同居 □地代・家賃を 　払って同居 （　　　　　円） **あなたの生活費** □被相続人がすべて 　負担した。 □被相続人に対し， 　月額　　　円を 　支払っていた。 ☑被相続人は 　負担していない。
	主張を 裏付ける 資料（番号）	①売上高，給与の資料として，平成２２年から令和元年の被相続人の確定申告書の写し（甲３～甲２１） ②店舗の給与台帳（甲２２～甲２３）③家計簿（甲２４）	

主張の裏付け資料を（甲〇）又は（乙〇）と番号をつけて記載してください。番号のつけ方が不明なときは，裁判所に問い合わせてください。

相手方人数分のコピーと自身の控えを準備してください。

【巻末資料】民法及び家事事件手続法の一部を改正する法律　新旧対照条文

（下線部分は改正部分）

一　民法（明治29年法律第89号）

新　法	旧　法
目次 　第5編　（略） 　　第3章　（略） 　　　第1節　総則（第896条－第899条の2） 　　　第8章　配偶者の居住の権利 　　　　第1節　配偶者居住権（第1028条－第1036条） 　　　　第2節　配偶者短期居住権（第1037条－第1041条） 　　　第9章　遺留分（第1042条－第1049条） 　　　第10章　特別の寄与（第1050条） 　　　　第1節　（略） 　（相続財産に関する費用） 第885条　（略） （削る） 　（共同相続における権利の承継の対抗要件） 第899条の2　相続による権利の承継は，遺産の分割によるものかどうかにかかわらず，次条及び第901条の規定により算定した相続分を超える部分については，登記，登録その他の対抗要件を備えなければ，第三者に対抗することができない。 2　前項の権利が債権である場合において，次条及び第901条の規定により算定した相続分を超えて当該債権を承継した共同相続人が当該債権に係る遺言の内容（遺産の分割により当該債権を承継した場合にあっては，当該債権に係る遺産の分割の内容）を明らかにして債務者にその承継の通知をしたときは，共同相続人の全員が債務者に通知をしたものとみなして，同項の規定を適用する。 　（遺言による相続分の指定） 第902条　被相続人は，前二条の規定にかかわらず，遺言で，共同相続人の相続分を定め，又はこれを定めることを第三者に委託することができる。 2　（略） 　（相続分の指定がある場合の債権者の権利の行使） 第902条の2　被相続人が相続開始の時において有した債務の債権者は，前条の規定による相続分の指定がされた場合であっても，各共同相続人に対し，第900条及び第901条の規定により算定した相続分に応じてその権利を行使することができる。ただし，その債権者が共同相続人の一人に対してその指定され	目次 　第5編　（同左） 　　第3章　（同左） 　　　第1節　総則（第896条－第899条） 　（新設） 　　　第8章　遺留分（第1028条－第1044条） 　（新設） 　　　　第1節　（同左） 　（相続財産に関する費用） 第885条　（同左） 2　前項の費用は，遺留分権利者が贈与の減殺によって得た財産をもって支弁することを要しない。 （新設） 　（遺言による相続分の指定） 第902条　被相続人は，前二条の規定にかかわらず，遺言で，共同相続人の相続分を定め，又はこれを定めることを第三者に委託することができる。ただし，被相続人又は第三者は，遺留分に関する規定に違反することができない。 2　（同左） （新設）

巻末資料

た相続分に応じた債務の承継を承認したときは，この限りでない。

（特別受益者の相続分）
第903条　共同相続人中に，被相続人から，遺贈を受け，又は婚姻若しくは養子縁組のため若しくは生計の資本として贈与を受けた者があるときは，被相続人が相続開始の時において有した財産の価額にその贈与の価額を加えたものを相続財産とみなし，第900条から第902条までの規定により算定した相続分の中からその遺贈又は贈与の価額を控除した残額をもってその者の相続分とする。

2　（略）

3　被相続人が前二項の規定と異なった意思を表示したときは，その意思に従う。

4　婚姻期間が20年以上の夫婦の一方である被相続人が，他の一方に対し，その居住の用に供する建物又はその敷地について遺贈又は贈与をしたときは，当該被相続人は，その遺贈又は贈与について第1項の規定を適用しない旨の意思を表示したものと推定する。

（遺産の分割前に遺産に属する財産が処分された場合の遺産の範囲）
第906条の2　遺産の分割前に遺産に属する財産が処分された場合であっても，共同相続人は，その全員の同意により，当該処分された財産が遺産の分割時に遺産として存在するものとみなすことができる。

2　前項の規定にかかわらず，共同相続人の一人又は数人により同項の財産が処分されたときは，当該共同相続人については，同項の同意を得ることを要しない。

（遺産の分割の協議又は審判等）
第907条　共同相続人は，次条の規定により被相続人が遺言で禁じた場合を除き，いつでも，その協議で，遺産の全部又は一部の分割をすることができる。

2　遺産の分割について，共同相続人間に協議が調わないとき，又は協議をすることができないときは，各共同相続人は，その全部又は一部の分割を家庭裁判所に請求することができる。ただし，遺産の一部を分割することにより他の共同相続人の利益を害するおそれがある場合におけるその一部の分割については，この限りでない。

3　前項本文の場合において特別の事由があるときは，家庭裁判所は，期間を定めて，遺産の全部又は一部について，その分割を禁ずることができる。

（遺産の分割前における預貯金債権の行使）
第909条の2　各共同相続人は，遺産に属する預貯金債権のうち相続開始の時の債権額の3分の1に第900条及び第901条の規定により算定した当該共同相続人の相続分を乗じた額（標準的な当面の必要生計費，平均的な葬式の費用の額その他の事情を勘案して預貯金債権の債務者ごとに法務省令で定める額を

（特別受益者の相続分）
第903条　共同相続人中に，被相続人から，遺贈を受け，又は婚姻若しくは養子縁組のため若しくは生計の資本として贈与を受けた者があるときは，被相続人が相続開始の時において有した財産の価額にその贈与の価額を加えたものを相続財産とみなし，前三条の規定により算定した相続分の中からその遺贈又は贈与の価額を控除した残額をもってその者の相続分とする。

2　（同左）

3　被相続人が前二項の規定と異なった意思を表示したときは，その意思表示は，遺留分に関する規定に違反しない範囲内で，その効力を有する。

（新設）

（新設）

（遺産の分割の協議又は審判等）
第907条　共同相続人は，次条の規定により被相続人が遺言で禁じた場合を除き，いつでも，その協議で，遺産の分割をすることができる。

2　遺産の分割について，共同相続人間に協議が調わないとき，又は協議をすることができないときは，各共同相続人は，その分割を家庭裁判所に請求することができる。

3　前項の場合において特別の事由があるときは，家庭裁判所は，期間を定めて，遺産の全部又は一部について，その分割を禁ずることができる。

（新設）

限度とする。）については，単独でその権利を行使
することができる。この場合において，当該権利の
行使をした預貯金債権については，当該共同相続人
が遺産の一部の分割によりこれを取得したものとみ
なす。
　（包括遺贈及び特定遺贈）
第964条　遺言者は，包括又は特定の名義で，その財
　産の全部又は一部を処分することができる。

　（自筆証書遺言）
第968条　自筆証書によって遺言をするには，遺言者
　が，その全文，日付及び氏名を自書し，これに印を
　押さなければならない。
2　前項の規定にかかわらず，自筆証書にこれと一体
　のものとして相続財産（第997条第1項に規定する
　場合における同項に規定する権利を含む。）の全部
　又は一部の目録を添付する場合には，その目録につ
　いては，自書することを要しない。この場合におい
　て，遺言者は，その目録の毎葉（自書によらない記
　載がその両面にある場合にあっては，その両面）に
　署名し，印を押さなければならない。
3　自筆証書（前項の目録を含む。）中の加除その他
　の変更は，遺言者が，その場所を指示し，これを変
　更した旨を付記して特にこれに署名し，かつ，その
　変更の場所に印を押さなければ，その効力を生じな
　い。
　（秘密証書遺言）
第970条　（略）
2　第968条第3項の規定は，秘密証書による遺言に
　ついて準用する。
　（普通の方式による遺言の規定の準用）
第982条　第968条第3項及び第973条から第975条まで
　の規定は，第976条から前条までの規定による遺言
　について準用する。
　（遺贈義務者の引渡義務）
第998条　遺贈義務者は，遺贈の目的である物又は権
　利を，相続開始の時（その後に当該物又は権利につ
　いて遺贈の目的として特定した場合にあっては，そ
　の特定した時）の状態で引き渡し，又は移転する義
　務を負う。ただし，遺言者がその遺言に別段の意思
　を表示したときは，その意思に従う。

第1000条　削除

　（遺言執行者の任務の開始）
第1007条　（略）
2　遺言執行者は，その任務を開始したときは，遅滞
　なく，遺言の内容を相続人に通知しなければならな

　（包括遺贈及び特定遺贈）
第964条　遺言者は，包括又は特定の名義で，その財
　産の全部又は一部を処分することができる。ただし，
　遺留分に関する規定に違反することができない。
　（自筆証書遺言）
第968条　（同左）

（新設）

2　自筆証書中の加除その他の変更は，遺言者が，そ
　の場所を指示し，これを変更した旨を付記して特に
　これに署名し，かつ，その変更の場所に印を押さな
　ければ，その効力を生じない。

　（秘密証書遺言）
第970条　（同左）
2　第968条第2項の規定は，秘密証書による遺言に
　ついて準用する。
　（普通の方式による遺言の規定の準用）
第982条　第968条第2項及び第973条から第975条まで
　の規定は，第976条から前条までの規定による遺言
　について準用する。
　（不特定物の遺贈義務者の担保責任）
第998条　不特定物を遺贈の目的とした場合におい
　て，受遺者がこれにつき第三者から追奪を受けたと
　きは，遺贈義務者は，これに対して，売主と同じ
　く，担保の責任を負う。
2　不特定物を遺贈の目的とした場合において，物に
　瑕疵があったときは，遺贈義務者は，瑕疵のない物
　をもってこれに代えなければならない。
　（第三者の権利の目的である財産の遺贈）
第1000条　遺贈の目的である物又は権利が遺言者の死
　亡の時において第三者の権利の目的であるときは，
　受遺者は，遺贈義務者に対しその権利を消滅させる
　べき旨を請求することができない。ただし，遺言者
　がその遺言に反対の意思を表示したときは，この限
　りでない。
　（遺言執行者の任務の開始）
第1007条　（同左）
（新設）

い。
　（遺言執行者の権利義務）
第1012条　遺言執行者は，遺言の内容を実現するため，相続財産の管理その他遺言の執行に必要な一切の行為をする権利義務を有する。
2　遺言執行者がある場合には，遺贈の履行は，遺言執行者のみが行うことができる。
3　（略）
　（遺言の執行の妨害行為の禁止）
第1013条　（略）
2　前項の規定に違反してした行為は，無効とする。ただし，これをもって善意の第三者に対抗することができない。
3　前二項の規定は，相続人の債権者（相続債権者を含む。）が相続財産についてその権利を行使することを妨げない。
　（特定財産に関する遺言の執行）
第1014条　（略）
2　遺産の分割の方法の指定として遺産に属する特定の財産を共同相続人の一人又は数人に承継させる旨の遺言（以下「特定財産承継遺言」という。）があったときは，遺言執行者は，当該共同相続人が第899条の2第1項に規定する対抗要件を備えるために必要な行為をすることができる。
3　前項の財産が預貯金債権である場合には，遺言執行者は，同項に規定する行為のほか，その預金又は貯金の払戻しの請求及びその預金又は貯金に係る契約の解約の申入れをすることができる。ただし，解約の申入れについては，その預貯金債権の全部が特定財産承継遺言の目的である場合に限る。
4　前二項の規定にかかわらず，被相続人が遺言で別段の意思を表示したときは，その意思に従う。
　（遺言執行者の行為の効果）
第1015条　遺言執行者がその権限内において遺言執行者であることを示してした行為は，相続人に対して直接にその効力を生ずる。
　（遺言執行者の復任権）
第1016条　遺言執行者は，自己の責任で第三者にその任務を行わせることができる。ただし，遺言者がその遺言に別段の意思を表示したときは，その意思に従う。
2　前項本文の場合において，第三者に任務を行わせることについてやむを得ない事由があるときは，遺言執行者は，相続人に対してその選任及び監督についての責任のみを負う。
　　　第5節　（略）
　（撤回された遺言の効力）
第1025条　前三条の規定により撤回された遺言は，その撤回の行為が，撤回され，取り消され，又は効力を生じなくなるに至ったときであっても，その効力を回復しない。ただし，その行為が錯誤，詐欺又は強迫による場合は，この限りでない。
　　　第8章　配偶者の居住の権利

　（遺言執行者の権利義務）
第1012条　遺言執行者は，相続財産の管理その他遺言の執行に必要な一切の行為をする権利義務を有する。
（新設）

2　（同左）
　（遺言の執行の妨害行為の禁止）
第1013条　（同左）
（新設）

（新設）

　（特定財産に関する遺言の執行）
第1014条　（同左）
（新設）

（新設）

（新設）

　（遺言執行者の地位）
第1015条　遺言執行者は，相続人の代理人とみなす。

　（遺言執行者の復任権）
第1016条　遺言執行者は，やむを得ない事由がなければ，第三者にその任務を行わせることができない。ただし，遺言者がその遺言に反対の意思を表示したときは，この限りでない。
2　遺言執行者が前項ただし書の規定により第三者にその任務を行わせる場合には，相続人に対して，第105条に規定する責任を負う。

　　　第5節　（同左）
　（撤回された遺言の効力）
第1025条　前三条の規定により撤回された遺言は，その撤回の行為が，撤回され，取り消され，又は効力を生じなくなるに至ったときであっても，その効力を回復しない。ただし，その行為が詐欺又は強迫による場合は，この限りでない。
（新設）

第1節　配偶者居住権
（配偶者居住権）
第1028条　被相続人の配偶者（以下この章において単に「配偶者」という。）は，被相続人の財産に属した建物に相続開始の時に居住していた場合において，次の各号のいずれかに該当するときは，その居住していた建物（以下この節において「居住建物」という。）の全部について無償で使用及び収益をする権利（以下この章において「配偶者居住権」という。）を取得する。ただし，被相続人が相続開始の時に居住建物を配偶者以外の者と共有していた場合にあっては，この限りでない。
一　遺産の分割によって配偶者居住権を取得するものとされたとき。
二　配偶者居住権が遺贈の目的とされたとき。
2　居住建物が配偶者の財産に属することとなった場合であっても，他の者がその共有持分を有するときは，配偶者居住権は，消滅しない。
3　第903条第4項の規定は，配偶者居住権の遺贈について準用する。
（審判による配偶者居住権の取得）
第1029条　遺産の分割の請求を受けた家庭裁判所は，次に掲げる場合に限り，配偶者が配偶者居住権を取得する旨を定めることができる。
一　共同相続人間に配偶者が配偶者居住権を取得することについて合意が成立しているとき。
二　配偶者が家庭裁判所に対して配偶者居住権の取得を希望する旨を申し出た場合において，居住建物の所有者の受ける不利益の程度を考慮してもなお配偶者の生活を維持するために特に必要があると認めるとき（前号に掲げる場合を除く。）。
（配偶者居住権の存続期間）
第1030条　配偶者居住権の存続期間は，配偶者の終身の間とする。ただし，遺産の分割の協議若しくは遺言に別段の定めがあるとき，又は家庭裁判所が遺産の分割の審判において別段の定めをしたときは，その定めるところによる。
（配偶者居住権の登記等）
第1031条　居住建物の所有者は，配偶者（配偶者居住権を取得した配偶者に限る。以下この節において同じ。）に対し，配偶者居住権の設定の登記を備えさせる義務を負う。
2　第605条の規定は配偶者居住権について，第605条の4の規定は配偶者居住権の設定の登記を備えた場合について準用する。
（配偶者による使用及び収益）
第1032条　配偶者は，従前の用法に従い，善良な管理者の注意をもって，居住建物の使用及び収益をしなければならない。ただし，従前居住の用に供していなかった部分について，これを居住の用に供することを妨げない。
2　配偶者居住権は，譲渡することができない。
3　配偶者は，居住建物の所有者の承諾を得なけれ

ば，居住建物の改築若しくは増築をし，又は第三者に居住建物の使用若しくは収益をさせることができない。

4　配偶者が第1項又は前項の規定に違反した場合において，居住建物の所有者が相当の期間を定めてその是正の催告をし，その期間内に是正がされないときは，居住建物の所有者は，当該配偶者に対する意思表示によって配偶者居住権を消滅させることができる。

（居住建物の修繕等）

第1033条　配偶者は，居住建物の使用及び収益に必要な修繕をすることができる。

2　居住建物の修繕が必要である場合において，配偶者が相当の期間内に必要な修繕をしないときは，居住建物の所有者は，その修繕をすることができる。

3　居住建物が修繕を要するとき（第1項の規定により配偶者が自らその修繕をするときを除く。），又は居住建物について権利を主張する者があるときは，配偶者は，居住建物の所有者に対し，遅滞なくその旨を通知しなければならない。ただし，居住建物の所有者が既にこれを知っているときは，この限りでない。

（居住建物の費用の負担）

第1034条　配偶者は，居住建物の通常の必要費を負担する。

2　第583条第2項の規定は，前項の通常の必要費以外の費用について準用する。

（居住建物の返還等）

第1035条　配偶者は，配偶者居住権が消滅したときは，居住建物の返還をしなければならない。ただし，配偶者が居住建物について共有持分を有する場合は，居住建物の所有者は，配偶者居住権が消滅したことを理由としては，居住建物の返還を求めることができない。

2　第599条第1項及び第2項並びに第621条の規定は，前項本文の規定により配偶者が相続の開始後に附属させた物がある居住建物又は相続の開始後に生じた損傷がある居住建物の返還をする場合について準用する。

（使用貸借及び賃貸借の規定の準用）

第1036条　第597条第1項及び第3項，第600条，第613条並びに第616条の2の規定は，配偶者居住権について準用する。

第2節　配偶者短期居住権

（配偶者短期居住権）

第1037条　配偶者は，被相続人の財産に属した建物に相続開始の時に無償で居住していた場合には，次の各号に掲げる区分に応じてそれぞれ当該各号に定める日までの間，その居住していた建物（以下この節において「居住建物」という。）の所有権を相続又は遺贈により取得した者（以下この節において「居住建物取得者」という。）に対し，居住建物について無償で使用する権利（居住建物の一部のみを無償

で使用していた場合にあっては，その部分について無償で使用する権利。以下この節において「配偶者短期居住権」という。）を有する。ただし，配偶者が，相続開始の時において居住建物に係る配偶者居住権を取得したとき，又は第891条の規定に該当し若しくは廃除によってその相続権を失ったときは，この限りでない。

一　居住建物について配偶者を含む共同相続人間で遺産の分割をすべき場合　遺産の分割により居住建物の帰属が確定した日又は相続開始の時から6箇月を経過する日のいずれか遅い日

二　前号に掲げる場合以外の場合　第3項の申入れの日から6箇月を経過する日

2　前項本文の場合においては，居住建物取得者は，第三者に対する居住建物の譲渡その他の方法により配偶者の居住建物の使用を妨げてはならない。

3　居住建物取得者は，第1項第1号に掲げる場合を除くほか，いつでも配偶者短期居住権の消滅の申入れをすることができる。

（配偶者による使用）

第1038条　配偶者（配偶者短期居住権を有する配偶者に限る。以下この節において同じ。）は，従前の用法に従い，善良な管理者の注意をもって，居住建物の使用をしなければならない。

2　配偶者は，居住建物取得者の承諾を得なければ，第三者に居住建物の使用をさせることができない。

3　配偶者が前二項の規定に違反したときは，居住建物取得者は，当該配偶者に対する意思表示によって配偶者短期居住権を消滅させることができる。

（配偶者居住権の取得による配偶者短期居住権の消滅）

第1039条　配偶者が居住建物に係る配偶者居住権を取得したときは，配偶者短期居住権は，消滅する。

（居住建物の返還等）

第1040条　配偶者は，前条に規定する場合を除き，配偶者短期居住権が消滅したときは，居住建物の返還をしなければならない。ただし，配偶者が居住建物について共有持分を有する場合は，居住建物取得者は，配偶者短期居住権が消滅したことを理由としては，居住建物の返還を求めることができない。

2　第599条第1項及び第2項並びに第621条の規定は，前項本文の規定により配偶者が相続の開始後に附属させた物がある居住建物又は相続の開始後に生じた損傷がある居住建物の返還をする場合について準用する。

（使用貸借等の規定の準用）

第1041条　第597条第3項，第600条，第616条の2，第1032条第2項，第1033条及び第1034条の規定は，配偶者短期居住権について準用する。

第9章　（略）

（遺留分の帰属及びその割合）

第1042条　兄弟姉妹以外の相続人は，遺留分として，次条第1項に規定する遺留分を算定するための財産

第8章　（同左）

（遺留分の帰属及びその割合）

第1028条　兄弟姉妹以外の相続人は，遺留分として，次の各号に掲げる区分に応じてそれぞれ当該各号に

巻末資料

の価額に，次の各号に掲げる区分に応じてそれぞれ当該各号に定める割合を乗じた額を受ける。

一　直系尊属のみが相続人である場合　3分の1

二　前号に掲げる場合以外の場合　2分の1

<u>2　相続人が数人ある場合には，前項各号に定める割合は，これらに第900条及び第901条の規定により算定したその各自の相続分を乗じた割合とする。</u>
（遺留分を算定するための財産の価額）
<u>第1043条</u>　遺留分を算定するための財産の価額は，被相続人が相続開始の時において有した財産の価額にその贈与した財産の価額を加えた額から債務の全額を控除した額とする。
2　（略）
<u>第1044条</u>　贈与は，相続開始前の1年間にしたものに限り，前条の規定によりその価額を算入する。当事者双方が遺留分権利者に損害を加えることを知って贈与をしたときは，1年前の日より前にしたものについても，同様とする。
<u>2　第904条の規定は，前項に規定する贈与の価額について準用する。</u>
<u>3　相続人に対する贈与についての第1項の規定の適用については，同項中「1年」とあるのは「10年」と，「価額」とあるのは「価額（婚姻若しくは養子縁組のため又は生計の資本として受けた贈与の価額に限る。）」とする。</u>

（削る）

（削る）

（削る）

（削る）

（削る）

（削る）

定める割合に相当する額を受ける。

一　直系尊属のみが相続人である場合　<u>被相続人の財産の</u>3分の1
二　前号に掲げる場合以外の場合　<u>被相続人の財産の</u>2分の1
（新設）

（遺留分の算定）
第1029条　遺留分は，被相続人が相続開始の時において有した財産の価額にその贈与した財産の価額を加えた額から債務の全額を<u>控除して，これを算定する。</u>
2　（同左）
第1030条　贈与は，相続開始前の1年間にしたものに限り，前条の規定によりその価額を算入する。当事者双方が遺留分権利者に損害を加えることを知って贈与をしたときは，1年前の日より前にしたものについても，同様とする。
（新設）

（新設）

（遺贈又は贈与の減殺請求）
第1031条　遺留分権利者及びその承継人は，遺留分を保全するのに必要な限度で，遺贈及び前条に規定する贈与の減殺を請求することができる。
（条件付権利等の贈与又は遺贈の一部の減殺）
第1032条　条件付きの権利又は存続期間の不確定な権利を贈与又は遺贈の目的とした場合において，その贈与又は遺贈の一部を減殺すべきときは，遺留分権利者は，第1029条第2項の規定により定めた価格に従い，直ちにその残部の価額を受贈者又は受遺者に給付しなければならない。
（贈与と遺贈の減殺の順序）
第1033条　贈与は，遺贈を減殺した後でなければ，減殺することができない。
（遺贈の減殺の割合）
第1034条　遺贈は，その目的の価額の割合に応じて減殺する。ただし，遺言者がその遺言に別段の意思を表示したときは，その意思に従う。
（贈与の減殺の順序）
第1035条　贈与の減殺は，後の贈与から順次前の贈与に対してする。
（受贈者による果実の返還）
第1036条　受贈者は，その返還すべき財産のほか，減殺の請求があった日以後の果実を返還しなければならない。
（受贈者の無資力による損失の負担）

（削る）

（削る）

第1045条　負担付贈与がされた場合における第1043条
　第１項に規定する贈与した財産の価額は，その目的
　の価額から負担の価額を控除した額とする。
２　不相当な対価をもってした有償行為は，当事者双
　方が遺留分権利者に損害を加えることを知ってした
　ものに限り，当該対価を負担の価額とする負担付贈
　与とみなす。

　（遺留分侵害額の請求）
第1046条　遺留分権利者及びその承継人は，受遺者
　（特定財産承継遺言により財産を承継し又は相続分
　の指定を受けた相続人を含む。以下この章において
　同じ。）又は受贈者に対し，遺留分侵害額に相当す
　る金銭の支払を請求することができる。
２　遺留分侵害額は，第1042条の規定による遺留分か
　ら第１号及び第２号に掲げる額を控除し，これに第
　３号に掲げる額を加算して算定する。
　一　遺留分権利者が受けた遺贈又は第903条第１項
　　に規定する贈与の価額
　二　第900条から第902条まで，第903条及び第904条
　　の規定により算定した相続分に応じて遺留分権利
　　者が取得すべき遺産の価額
　三　被相続人が相続開始の時において有した債務の
　　うち，第899条の規定により遺留分権利者が承継
　　する債務（次条第３項において「遺留分権利者承
　　継債務」という。）の額
　（受遺者又は受贈者の負担額）
第1047条　受遺者又は受贈者は，次の各号の定めると
　ころに従い，遺贈（特定財産承継遺言による財産の
　承継又は相続分の指定による遺産の取得を含む。以
　下この章において同じ。）又は贈与（遺留分を算定
　するための財産の価額に算入されるものに限る。以
　下この章において同じ。）の目的の価額（受遺者又
　は受贈者が相続人である場合にあっては，当該価額
　から第1042条の規定による遺留分として当該相続人
　が受けるべき額を控除した額）を限度として，遺留
　分侵害額を負担する。
　一　受遺者と受贈者とがあるときは，受遺者が先に
　　負担する。
　二　受遺者が複数あるとき，又は受贈者が複数ある
　　場合においてその贈与が同時にされたものである
　　ときは，受遺者又は受贈者がその目的の価額の割
　　合に応じて負担する。ただし，遺言者がその遺言
　　に別段の意思を表示したときは，その意思に従う。
　三　受贈者が複数あるとき（前号に規定する場合を
　　除く。）は，後の贈与に係る受贈者から順次前の

第1037条　減殺を受けるべき受贈者の無資力によって
　生じた損失は，遺留分権利者の負担に帰する。
　（負担付贈与の減殺請求）
第1038条　負担付贈与は，その目的の価額から負担の
　価額を控除したものについて，その減殺を請求する
　ことができる。
　（不相当な対価による有償行為）
第1039条　（新設）

　不相当な対価をもってした有償行為は，当事者双
　方が遺留分権利者に損害を加えることを知ってした
　ものに限り，これを贈与とみなす。この場合におい
　て，遺留分権利者がその減殺を請求するときは，そ
　の対価を償還しなければならない。

（新設）

（新設）

贈与に係る受贈者が負担する。

2　第904条，第1043条第2項及び第1045条の規定は，前項に規定する遺贈又は贈与の目的の価額について準用する。

3　前条第1項の請求を受けた受遺者又は受贈者は，遺留分権利者承継債務について弁済その他の債務を消滅させる行為をしたときは，消滅した債務の額の限度において，遺留分権利者に対する意思表示によって第1項の規定により負担する債務を消滅させることができる。この場合において，当該行為によって遺留分権利者に対して取得した求償権は，消滅した当該債務の額の限度において消滅する。

4　受遺者又は受贈者の無資力によって生じた損失は，遺留分権利者の負担に帰する。

5　裁判所は，受遺者又は受贈者の請求により，第1項の規定により負担する債務の全部又は一部の支払につき相当の期限を許与することができる。

（削る）

（受贈者が贈与の目的を譲渡した場合等）
第1040条　減殺を受けるべき受贈者が贈与の目的を他人に譲り渡したときは，遺留分権利者にその価額を弁償しなければならない。ただし，譲受人が譲渡の時において遺留分権利者に損害を加えることを知っていたときは，遺留分権利者は，これに対しても減殺を請求することができる。

2　前項の規定は，受贈者が贈与の目的につき権利を設定した場合について準用する。

（削る）

（遺留分権利者に対する価額による弁償）
第1041条　受贈者及び受遺者は，減殺を受けるべき限度において，贈与又は遺贈の目的の価額を遺留分権利者に弁償して返還の義務を免れることができる。

2　前項の規定は，前条第1項ただし書の場合について準用する。

（遺留分侵害額請求権の期間の制限）
第1048条　遺留分侵害額の請求権は，遺留分権利者が，相続の開始及び遺留分を侵害する贈与又は遺贈があったことを知った時から1年間行使しないときは，時効によって消滅する。相続開始の時から10年を経過したときも，同様とする。

（減殺請求権の期間の制限）
第1042条　減殺の請求権は，遺留分権利者が，相続の開始及び減殺すべき贈与又は遺贈があったことを知った時から1年間行使しないときは，時効によって消滅する。相続開始の時から10年を経過したときも，同様とする。

（遺留分の放棄）
第1049条　（略）

（遺留分の放棄）
第1043条　（同左）

（削る）

（代襲相続及び相続分の規定の準用）
第1044条　第887条第2項及び第3項，第900条，第901条，第903条並びに第904条の規定は，遺留分について準用する。

（新設）

第10章　特別の寄与
第1050条　被相続人に対して無償で療養看護その他の労務の提供をしたことにより被相続人の財産の維持又は増加について特別の寄与をした被相続人の親族（相続人，相続の放棄をした者及び第891条の規定に該当し又は廃除によってその相続権を失った者を除く。以下この条において「特別寄与者」という。）は，相続の開始後，相続人に対し，特別寄与者の寄与に応じた額の金銭（以下この条において「特別寄

与料」という。）の支払を請求することができる。

2　前項の規定による特別寄与料の支払について，当事者間に協議が調わないとき，又は協議をすることができないときは，特別寄与者は，家庭裁判所に対して協議に代わる処分を請求することができる。ただし，特別寄与者が相続の開始及び相続人を知った時から6箇月を経過したとき，又は相続開始の時から1年を経過したときは，この限りでない。

3　前項本文の場合には，家庭裁判所は，寄与の時期，方法及び程度，相続財産の額その他一切の事情を考慮して，特別寄与料の額を定める。

4　特別寄与料の額は，被相続人が相続開始の時において有した財産の価額から遺贈の価額を控除した残額を超えることができない。

5　相続人が数人ある場合には，各相続人は，特別寄与料の額に第900条から第902条までの規定により算定した当該相続人の相続分を乗じた額を負担する。

巻末資料

二　家事事件手続法（平成23年法律第52号）

新　法	旧　法
目次 　第2編　（略） 　　第2章　（略） 　　　第18節　<u>遺留分に関する審判事件（第216条）</u> 　　　<u>第18節の2　特別の寄与に関する審判事件（第216条の2－第216条の5）</u> 　　（相続に関する審判事件の管轄権） 第3条の11　裁判所は，相続に関する審判事件（別表第1の86の項から110の項まで及び133の項並びに別表第2の11の項から<u>15の項</u>までの事項についての審判事件をいう。）について，相続開始の時における被相続人の住所が日本国内にあるとき，住所がない場合又は住所が知れない場合には相続開始の時における被相続人の居所が日本国内にあるとき，居所がない場合又は居所が知れない場合には被相続人が相続開始の前に日本国内に住所を有していたとき（日本国内に最後に住所を有していた後に外国に住所を有していたときを除く。）は，管轄権を有する。 2・3　（略） 4　当事者は，合意により，いずれの国の裁判所に遺産の分割に関する審判事件（別表第2の12の項から14の項までの事項についての審判事件をいう。第3条の14及び第191条第1項において同じ。）<u>及び特別の寄与に関する処分の審判事件（同表の15の項の事項についての審判事件をいう。第3条の14及び第216条の2において同じ。）</u>の申立てをすることができるかについて定めることができる。 5　（略） 　　（特別の事情による申立ての却下） 第3条の14　裁判所は，第3条の2から前条までに規定する事件について日本の裁判所が管轄権を有することとなる場合（遺産の分割に関する審判事件<u>又は特別の寄与に関する処分の審判事件</u>について，日本の裁判所にのみ申立てをすることができる旨の合意に基づき申立てがされた場合を除く。）においても，事案の性質，申立人以外の事件の関係人の負担の程度，証拠の所在地，未成年者である子の利益その他の事情を考慮して，日本の裁判所が審理及び裁判をすることが適正かつ迅速な審理の実現を妨げ，又は相手方がある事件について申立人と相手方との間の衡平を害することとなる特別の事情があると認めるときは，その申立ての全部又は一部を却下することができる。 　　（遺産の分割の審判事件を本案とする保全処分） 第200条　家庭裁判所（第105条第2項の場合にあっては，高等裁判所。次項及び<u>第3項</u>において同じ。）は，遺産の分割の審判又は調停の申立てがあった場合において，財産の管理のため必要があるときは，申立てにより又は職権で，担保を立てさせないで，	目次 　第2編　（同左） 　　第2章　（同左） 　　　第18節　<u>遺留分に関する審判事件（第216条）</u> 　　（新設） 　　（相続に関する審判事件の管轄権） 第3条の11　裁判所は，相続に関する審判事件（別表第1の86の項から110の項まで及び133の項並びに別表第2の11の項から<u>14の項</u>までの事項についての審判事件をいう。）について，相続開始の時における被相続人の住所が日本国内にあるとき，住所がない場合又は住所が知れない場合には相続開始の時における被相続人の居所が日本国内にあるとき，居所がない場合又は居所が知れない場合には被相続人が相続開始の前に日本国内に住所を有していたとき（日本国内に最後に住所を有していた後に外国に住所を有していたときを除く。）は，管轄権を有する。 2・3　（同左） 4　当事者は，合意により，いずれの国の裁判所に遺産の分割に関する審判事件（別表第2の12の項から14の項までの事項についての審判事件をいう。第3条の14及び第191条第1項において同じ。）の申立てをすることができるかについて定めることができる。 5　（同左） 　　（特別の事情による申立ての却下） 第3条の14　裁判所は，第3条の2から前条までに規定する事件について日本の裁判所が管轄権を有することとなる場合（遺産の分割に関する審判事件について，日本の裁判所にのみ申立てをすることができる旨の合意に基づき申立てがされた場合を除く。）においても，事案の性質，申立人以外の事件の関係人の負担の程度，証拠の所在地，未成年者である子の利益その他の事情を考慮して，日本の裁判所が審理及び裁判をすることが適正かつ迅速な審理の実現を妨げ，又は相手方がある事件について申立人と相手方との間の衡平を害することとなる特別の事情があると認めるときは，その申立ての全部又は一部を却下することができる。 　　（遺産の分割の審判事件を本案とする保全処分） 第200条　家庭裁判所（第105条第2項の場合にあっては，高等裁判所。次項において同じ。）は，遺産の分割の審判又は調停の申立てがあった場合において，財産の管理のため必要があるときは，申立てにより又は職権で，担保を立てさせないで，遺産の分

遺産の分割の申立てについての審判が効力を生ずるまでの間，財産の管理者を選任し，又は事件の関係人に対し，財産の管理に関する事項を指示することができる。

2　（略）

3　前項に規定するもののほか，家庭裁判所は，遺産の分割の審判又は調停の申立てがあった場合において，相続財産に属する債務の弁済，相続人の生活費の支弁その他の事情により遺産に属する預貯金債権（民法第466条の5第1項に規定する預貯金債権をいう。以下この項において同じ。）を当該申立てをした者又は相手方が行使する必要があると認めるときは，その申立てにより，遺産に属する特定の預貯金債権の全部又は一部をその者に仮に取得させることができる。ただし，他の共同相続人の利益を害するときは，この限りでない。

4　（略）

（遺言執行者の解任の審判事件を本案とする保全処分）

第215条　家庭裁判所（第105条第2項の場合にあっては，高等裁判所。第3項及び第4項において同じ。）は，遺言執行者の解任の申立てがあった場合において，遺言の内容の実現のため必要があるときは，当該申立てをした者の申立てにより，遺言執行者の解任の申立てについての審判が効力を生ずるまでの間，遺言執行者の職務の執行を停止し，又はその職務代行者を選任することができる。

2～4　（略）

第18節　（略）

第216条　次の各号に掲げる審判事件は，当該各号に定める地を管轄する家庭裁判所の管轄に属する。

一　遺留分を算定するための財産の価額を定める場合における鑑定人の選任の審判事件（別表第1の109の項の事項についての審判事件をいう。）　相続が開始した地

二　（略）

2　（略）

第18節の2　特別の寄与に関する審判事件

（管轄）

第216条の2　特別の寄与に関する処分の審判事件は，相続が開始した地を管轄する家庭裁判所の管轄に属する。

（給付命令）

第216条の3　家庭裁判所は，特別の寄与に関する処分の審判において，当事者に対し，金銭の支払を命ずることができる。

（即時抗告）

第216条の4　次の各号に掲げる審判に対しては，当該各号に定める者は，即時抗告をすることができる。

一　特別の寄与に関する処分の審判　申立人及び相手方

二　特別の寄与に関する処分の申立てを却下する審

割の申立てについての審判が効力を生ずるまでの間，財産の管理者を選任し，又は事件の関係人に対し，財産の管理に関する事項を指示することができる。

2　（同左）

（新設）

3　（同左）

（遺言執行者の解任の審判事件を本案とする保全処分）

第215条　家庭裁判所（第105条第2項の場合にあっては，高等裁判所。第3項及び第4項において同じ。）は，遺言執行者の解任の申立てがあった場合において，相続人の利益のため必要があるときは，当該申立てをした者の申立てにより，遺言執行者の解任の申立てについての審判が効力を生ずるまでの間，遺言執行者の職務の執行を停止し，又はその職務代行者を選任することができる。

2～4　（同左）

第18節　（同左）

第216条　次の各号に掲げる審判事件は，当該各号に定める地を管轄する家庭裁判所の管轄に属する。

一　遺留分を算定する場合における鑑定人の選任の審判事件（別表第1の109の項の事項についての審判事件をいう。）　相続が開始した地

二　（同左）

2　（同左）

（新設）

<table>
<tr><td>

判　申立人
　（特別の寄与に関する審判事件を本案とする保全処分）
第216条の5　家庭裁判所（第105条第2項の場合にあっては，高等裁判所）は，特別の寄与に関する処分についての審判又は調停の申立てがあった場合において，強制執行を保全し，又は申立人の急迫の危険を防止するため必要があるときは，当該申立てをした者の申立てにより，特別の寄与に関する処分の審判を本案とする仮差押え，仮処分その他の必要な保全処分を命ずることができる。

第233条　請求すべき按分割合に関する処分の審判事件（別表第2の16の項の事項についての審判事件をいう。）は，申立人又は相手方の住所地を管轄する家庭裁判所の管轄に属する。
2・3　（略）
第240条　（略）
2　扶養義務者の負担すべき費用額の確定の審判事件（別表第2の17の項の事項についての審判事件をいう。）は，扶養義務者（数人に対する申立てに係るものにあっては，そのうちの1人）の住所地を管轄する家庭裁判所の管轄に属する。
3～6　（略）

</td><td>

第233条　請求すべき按分割合に関する処分の審判事件（別表第2の15の項の事項についての審判事件をいう。）は，申立人又は相手方の住所地を管轄する家庭裁判所の管轄に属する。
2・3　（同左）
第240条　（同左）
2　扶養義務者の負担すべき費用額の確定の審判事件（別表第2の16の項の事項についての審判事件をいう。）は，扶養義務者（数人に対する申立てに係るものにあっては，そのうちの1人）の住所地を管轄する家庭裁判所の管轄に属する。
3～6　（同左）

</td></tr>
</table>

別表第一　（略）

項	事項	根拠となる法律の規定
	（略）	
109	遺留分を算定するための財産の価額を定める場合における鑑定人の選任	民法第1043条第2項
110	遺留分の放棄についての許可	民法第1049条第1項
	（略）	

別表第一　（同左）

項	事項	根拠となる法律の規定
	（同左）	
109	遺留分を算定する場合における鑑定人の選任	民法第1029条第2項
110	遺留分の放棄についての許可	民法第1043条第1項
	（同左）	

別表第二　（略）

項	事項	根拠となる法律の規定
	（略）	
遺産の分割		
（略）	（略）	（略）
特別の寄与		
15	特別の寄与に関する処分	民法第1050条第2項
厚生年金保険法		
16	（略）	（略）
生活保護法等		
17	（略）	（略）

別表第二　（同左）

項	事項	根拠となる法律の規定
	（同左）	
遺産の分割		
（同左）	（同左）	（同左）
（新設）		
（新設）	（新設）	（新設）
厚生年金保険法		
15	（同左）	（同左）
生活保護法等		
16	（同左）	（同左）

三　不動産登記法（平成16年法律第123号）

新　法	旧　法
（登記することができる権利等） 第3条　登記は，不動産の表示又は不動産についての次に掲げる権利の保存等（保存，設定，移転，変更，処分の制限又は消滅をいう。次条第2項及び第105条第1号において同じ。）についてする。 一〜七　（略） 八　賃借権 九　配偶者居住権 十　採石権（採石法（昭和25年法律第291号）に規定する採石権をいう。第50条及び第82条において同じ。） 　（賃借権の登記等の登記事項） 　（配偶者居住権の登記の登記事項） 第81条の2　配偶者居住権の登記の登記事項は，第59条各号に掲げるもののほか，次のとおりとする。 一　存続期間 二　第三者に居住建物（民法第1028条第1項に規定する居住建物をいう。）の使用又は収益をさせることを許す旨の定めがあるときは，その定め	（登記することができる権利等） 第3条　登記は，不動産の表示又は不動産についての次に掲げる権利の保存等（保存，設定，移転，変更，処分の制限又は消滅をいう。次条第2項及び第105条第1号において同じ。）についてする。 一〜七　（同左） 八　賃借権 （新設） 九　採石権（採石法（昭和25年法律第291号）に規定する採石権をいう。第50条及び第82条において同じ。） 　（賃借権の登記等の登記事項） （新設）

巻末資料

事 項 索 引

ワーキンググループ（WG）一覧等

第1　遺産の分割前に遺産に属する財産が処分された場合の取扱い等に関する運用WG

第2　遺産分割前における預貯金の払戻し制度の創設等に関する運用WG

裁判官：藤枝　祐人
書記官：斉藤　龍紀
　　　　大島　文子
　　　　平林　恭子

第3　配偶者居住権に関する運用WG

第4　配偶者短期居住権に関する運用WG

裁判官：村井みわ子
書記官：八木　義昭
　　　　浅沼　光輝
　　　　久保与志也

第5　持戻し免除の意思表示の推定に関する運用WG

第6　一部分割に関する運用WG

裁判官：寺田さや子
書記官：大倉　勝良
　　　　米津　和哉
　　　　宮村　正人

第7　特別の寄与に関する運用WG

裁判官：神野　律子
書記官：永井　　明
　　　　日髙　理絵
　　　　高橋　寛幸
調査官：菅原佐企子

ツール作成（第1～第7の全体を通じて）

書記官：仲手川利明
　　　　中野　香織

全体監修

裁判官：片岡　　武

（平成31年3月15日現在）

**東京家庭裁判所家事第5部（遺産分割部）に
おける相続法改正を踏まえた新たな実務運用
（家庭の法と裁判号外）**

2019年6月13日　初版発行

編　著　　東京家庭裁判所
　　　　　家事第5部

発行者　　和　田　　　裕

発行所　日本加除出版株式会社
本　　社　　郵便番号 171-8516
　　　　　　東京都豊島区南長崎3丁目16番6号
　　　　　　ＴＥＬ　（03）3953-5757（代表）
　　　　　　　　　　（03）3952-5759（編集）
　　　　　　ＦＡＸ　（03）3953-5772
　　　　　　ＵＲＬ　www.kajo.co.jp
営　業　部　　郵便番号 171-8516
　　　　　　東京都豊島区南長崎3丁目16番6号
　　　　　　ＴＥＬ　（03）3953-5642
　　　　　　ＦＡＸ　（03）3953-2061

組版・印刷　㈱郁文　／　製本　牧製本印刷㈱

「家庭の法と裁判」申込書

■発行回数：年6回（4・6・8・10・12・2月）各号1,800円（税別）

FAX 03-3953-2061（日本加除出版 営業部）　 送料無料！

特別価格！定期購読

購読開始21号（2019年8月刊）から毎号 ※☐ 冊

- ・定期購読をご希望の方は ※☐ に冊数をご記入ください。
- ・お支払いは21〜24号の4号分6,480円（税別）（1号単価1,620円）となります。
- ・次年度以降は、手間要らずな自動継続でお届けします。

バックナンバーのご案内

号数・内容		定価	冊数	号数・内容		定価	冊数
15号（2018年8月刊）	特集 成年後見事件の実情	1,800円+税	冊	**18号**（2019年2月刊）	特集 児童虐待とその影響	1,800円+税	冊
16号（2018年10月刊）	特集 DV事件の実情	1,800円+税	冊	**19号**（2019年4月刊）	特集 相続法改正と実務	1,800円+税	冊
17号（2018年12月刊）	特集 実務から見た少年法適用年齢の引下げ	1,800円+税	冊	**20号**（2019年6月刊）	特集 ハーグ子奪取条約の運用状況と課題	1,800円+税	冊

1〜14号をご注文の場合は下記にご記入ください。
各バックナンバーの特集内容について168、169ページにてご紹介しています。

バックナンバー ☐ 号を購入	1,800円+税	冊

■請求書の送付時期について

　定期購読　雑誌とは別送となります。

　バックナンバー　雑誌と同送いたします。

販促：204344

●太枠内を必ずご記入ください。　※の項目は必ずご記入ください

| ■お申込日 | 年 | 月 | 日 |

ご送付先	※フリガナ	個人購入・法人購入 ← どちらかに○をしてください。
	※お名前	TEL※　　　　　　　　　FAX
		E-mail
	会社名(部署名)・事務所名	
	勤務先・自宅 ← どちらかに○をしてください。	
	〒	
	※ご住所	

※ご記入いただいた個人情報は、商品の発送、お支払いの確認などの連絡および弊社からの各種ご案内（刊行物のDM、アンケート調査など）以外の目的には利用いたしません。

ご不明な点がございましたら、弊社営業部（TEL:03-3953-5642）までお問合せください。

日本加除出版
〒171-8516　東京都豊島区南長崎3丁目16番6号
TEL(03)3953-5642　FAX(03)3953-2061（営業部）　www.kajo.co.jp
営業時間：月〜金（祝日は除く）9:00〜17:00

家庭の法と裁判 〈バックナンバー 特集・論説〉

日本加除出版
〒171-8516　東京都豊島区南長崎3丁目16番6号　www.kajo.co.jp
TEL (03)3953-5642　FAX (03)3953-2061　（営業部）

日本加除出版　〒171-8516　東京都豊島区南長崎 3 丁目 1 6 番 6 号　www.kajo.co.jp
TEL（03）3953-5642　FAX（03）3953-2061　（営業部）

③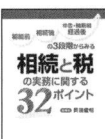
相続前、相続後、申告・納期限経過後の３段階からみる
相続と税の実務に関する32ポイント
岡田俊明 編著
2019年5月刊 A5判 152頁 定価1,944円(本体1,800円)

④
「在日」の相続法
その理論と実務
趙慶済 著
2019年4月刊 A5判 696頁 定価8,856円(本体8,200円)

⑤
Q&Aでマスターする
相続法改正と司法書士実務
重要条文ポイント解説162問
東京司法書士会民法改正対策委員会 編 2018年12月刊 A5判 392頁 定価3,996円 (本体3,700円)

⑥
図解でわかる 改正相続法入門
碓井孝介 著
2018年12月刊 A5判 148頁 定価1,512円(本体1,400円)

⑦
相続実務が変わる！
相続法改正ガイドブック
安達敏男・吉川樹士・須田啓介・安重洋介 著
2018年9月刊 A5判 280頁 定価2,592円(本体2,400円)

⑧
第3版 Q&A 遺言・信託・任意後見の実務
公正証書作成から税金、遺言執行、遺産分割まで
雨宮則夫・寺尾洋 編著
2018年8月刊 A5判 536頁 定価4,968円(本体4,600円)

⑨
相続法改正のポイントと
実務への影響
山川一陽・松嶋隆弘 編著
2018年5月刊 A5判 440頁 定価4,644円(本体4,300円)

⑩
第3版 家庭裁判所における
遺産分割・遺留分の実務
片岡武・管野眞一 編著
2017年11月刊 A5判 632頁 定価4,752円(本体4,400円)

日本加除出版
〒171-8516 東京都豊島区南長崎３丁目１６番６号 www.kajo.co.jp
TEL (03)3953-5642 FAX (03)3953-2061 （営業部）